筑巢引凤话创新

——人才区位与创新增长研究

顾芸 著

上海辞书出版社

目　录

第一章　绪论 … 1
　第一节　研究背景 … 1
　第二节　研究意义 … 4
　第三节　研究内容 … 6
　第四节　研究方法 … 9
　第五节　可能的创新 … 10

第二章　人才区位与创新增长：研究评述 … 12
　第一节　人口区位选择机制研究 … 12
　第二节　人口区位选择应用研究 … 16
　　一、城乡结构转换与人口区位选择 … 16
　　二、产业转移升级与人口区位选择 … 18
　　三、城市规模与人口区位选择 … 19
　　四、不可贸易品与人口区位选择 … 20
　　五、迁移流动摩擦与人口区位选择 … 22
　第三节　人才区位与创新增长研究 … 23
　　一、人力资本、人才区位与创新增长研究 … 23

二、知识溢出、人才区位与创新增长研究………… 23
　　三、人力资本、结构配置与创新增长研究………… 24
　第四节　创新区位与创新增长整合理论
　　　　　研究………………………………………… 26
　第五节　人才区位与创新增长国内外研究
　　　　　评述………………………………………… 30

第三章　公共服务与人口区位：异质性视角……… 33
　第一节　引言………………………………………… 33
　第二节　作用机制分析……………………………… 40
　第三节　理论模型…………………………………… 45
　　一、消费者偏好…………………………………… 46
　　二、产品部门生产………………………………… 47
　　三、公共服务部门供给…………………………… 48
　　四、异质性劳动力区位选择……………………… 48
　第四节　实证检验…………………………………… 50
　　一、计量模型……………………………………… 50
　　二、变量选取与数据说明………………………… 51
　　三、基准回归结果分析…………………………… 54
　　四、区域异质性分析……………………………… 57
　　五、城市规模异质性分析………………………… 57
　第五节　非线性耦合作用检验……………………… 59
　第六节　本章小结…………………………………… 62

目 录

第四章 公共服务与经济增长：教育投入视角 …… 64
第一节 引言 ………………………………… 65
第二节 理论模型 …………………………… 66
第三节 实证分析 …………………………… 68
一、我国省级层面经济增长的空间相关性 ………………………………… 69
二、变量选取与模型设定 …………………… 69
三、实证检验与结果分析 …………………… 71
第四节 本章小结 …………………………… 74

第五章 公共服务与经济增长：高校创新投入视角 ………………………………………… 76
第一节 引言 ………………………………… 77
第二节 理论模型 …………………………… 80
一、理论假设 ………………………………… 80
二、均衡分析 ………………………………… 81
第三节 研究设计 …………………………… 82
一、模型选择 ………………………………… 82
二、变量选取 ………………………………… 82
第四节 研究结果 …………………………… 84
一、基于全国尺度分析 ……………………… 84
二、基于区域尺度分析 ……………………… 86
第五节 本章小结 …………………………… 88

第六章 公共服务与人才区位:以广东为例 …… 90
第一节 引言 …… 91
第二节 理论模型 …… 93
 一、模型构建 …… 93
 二、均衡分析 …… 96
第三节 实证研究 …… 97
 一、特征事实描述 …… 97
 二、计量模型选取 …… 99
 三、指标选择与数据 …… 99
 四、回归结果分析 …… 102
第四节 本章小结 …… 104

第七章 公共服务与人才区位:引入城市规模 …… 107
第一节 引言 …… 107
第二节 文献回顾 …… 109
第三节 实证检验 …… 113
 一、模型设定与变量选取 …… 113
 二、基准回归 …… 116
 三、稳健性检验 …… 118
 四、不同区域分析 …… 120
 五、不同城市等级分析 …… 123
第四节 本章小结 …… 125

目 录

第八章 公共服务、人才区位与创新增长：知识溢出机制 ·············· 127

第一节 引言 ·············· 127
第二节 理论模拟 ·············· 131
一、理论模型构建 ·············· 131
二、动态模拟分析 ·············· 137
第三节 实证检验 ·············· 142
一、实证策略 ·············· 142
二、数据说明 ·············· 143
三、实证结果 ·············· 146
第四节 本章小结 ·············· 152

第九章 结语 ·············· 153

第一节 研究启示 ·············· 154
一、公共服务影响人口区位具有经验事实 ··· 154
二、公共服务影响人口"双向流动"机理复杂 ·············· 154
三、收入水平影响人口区位受公共服务中介影响 ·············· 155
四、公共服务是解释城市收缩扩张的有效视角 ·············· 156
五、公共服务对于创新增长具有重要驱动作用 ·············· 156

5

第二节　政策建议 ………………………… 157
　　一、树立"以人为本"理念，实施全面公共服务 …………………………………… 157
　　二、把握区域流动差异，制定因地按需政策 ……………………………………… 158
　　三、注重人力资源质量，强化人力资本投资 ……………………………………… 159
　　四、突出规划前瞻预期，打造精致宜居城市 ……………………………………… 159
　　五、破除各类障碍藩篱，释放巨大制度红利 ……………………………………… 160
第三节　研究展望 ………………………… 161

附录　推进基本公共服务均等化：以基本公共服务清单为例 ………………… 163

参考文献 ………………………………… 175

后记 ……………………………………… 195

第一章 绪 论

第一节 研究背景

中共二十大报告指出,"从现在起,中国共产党的中心任务就是团结带领全国各族人民全面建成社会主义现代化强国、实现第二个百年奋斗目标,以中国式现代化全面推进中华民族伟大复兴","高质量发展是全面建设社会主义现代化国家的首要任务"。改革开放四十多年来,中国人均GDP 从 1978 年的 155 美元增加到 2021 年的 1.25 万美元,实现了历史性跨越。从国家竞争力的角度,根据哈佛大学商学院教授迈克尔·波特(Michael E. Porter)的国家竞争优势理论,中国改革开放以来的发展过程先后经历了要素驱动阶段和投资驱动阶段,并正在迈向创新驱动阶段,经济发展将从高速增长转向高质量发展阶段。从产业结构演进的角度,根据钱纳里(Hollis B. Chenery)工业化阶段理论,要素驱动和投资驱动基本对应工业化初、中期阶段;随着经济发展进入工业化后期阶段,服务经济开始由平稳增长转入持续高速增长,并成为区域经济增长的主要力量。在服务经济时代,人力资本就成了关键要素,并成为经济增长的主要来源,这也符合主流经济学理论实现长期经济增长的源泉是技术创新的主张。可见,区域经济繁荣的基础是创新驱动,创新驱动的关键是人力资源作用,人力资源作为服务经济时代的关键要素,也是科技创新和知识传播的载体,在创新创造过程中发挥着核心作用。因此,在创新驱动和高质量发展阶段,人力资源是提升区域竞争力和实现区域发展繁荣的决定因素,也是实现区域协调发展战略的关键要素,区域竞争的核心将由传统的追逐投资转向追逐知识、追逐人才,人力资源的汇聚地将成为吸引企业集聚和实现区域创新的战略高地。迈克尔·波特在其著作《国家竞争优势》中也提到,人力资源是解决经济发展问题的关键所在,人才争夺也已经从地区性的争夺上升为全球范围内的网罗。中共十九大报告将"科教兴国战略、人才强国战略、创新驱动发展战略"同时明确为国家核心战略。中共二十大报告进一步将教育、科技、人才"三位一体"考虑,并作为"全面建设社会主义现代化国家的基础性、战略性支撑"进行统筹布局,这体现了中国共产党对现代化强国建设规律性的认识不断深化,从实现中国式现代化的战略高度,为未来科技创新发展作出全新定位,指明了前进方向,明确了科技创新发展的战略目标和若干重点任务。由此,如何最大限度统筹教育、科技、人才工作,将是未来一个时期各区域实现创新驱动与高质量发展的重要问题。

　　随着人口出生死亡形势的变化,人口空间流动已经成为并将长期成为影响我国人口变动趋势的决定性因素。根据国务院印发的《国家人口发展规划(2016—2030年)》,"预计2016—2030年农村向城镇累计转移人口约2亿人……人口将持续向沿江、沿海、铁路沿线地区聚集,城市群人口集聚度将持续加大"。这意味着,未来一个时期我国人口流动将会呈现出规模性和非平衡性的特征。特别是2019年发布的《国家发展改革委关于培育发展现代化都市圈的指导意见》,提出放开放宽除个别超大城市(即城区人口超过1000万的城市)外的城市落户限制。这被认为是我国户籍制度将出现根本改革的标志,意味着99%以上的城市将放开放宽落户限制。然而现实中却存在许多与此相悖的人口流动现象,比如大学生就业选择"逃离北上广"与"再回北上广"现象并存,农民工"返乡潮""民工荒"现象与农村空心化问题并存。这些问题得到了很多关注和讨论,但尚未有系统的科学解释与理论支撑。因此,在人口数量红利消失和放开放宽户籍政策背景下,系统揭示人口区位选择的理论机制具有重要的理论和现实意义。

中共十九大报告指出,我国社会主要矛盾已经转化为"人民日益增长的美好生活需要和不平衡不充分的发展之间的矛盾"。这一重大论断,意味着经过改革开放40年的快速发展,"人民日益增长的物质文化需要"已经发生了深刻变化,明确了人民从"物质文化需要"到"美好生活需要"的质的跃升。随着我国经济持续发展,人均GDP不断提高,人民生活不断改善,一般性的物质和文化需求已经得到满足,人民期盼有更好的教育、更稳定的工作、更满意的收入、更可靠的社会保障、更高水平的医疗卫生服务、更舒适的居住条件、更丰富的精神文化生活,等等。人民的需要呈现多样化、多层次、多方面的特点,这种需求的变化就要求我们在研究人口区位时必须更加全面系统,必须打破传统侧重从要素收益角度考虑人口空间流动影响机制的研究思路,要着眼于"人民对美好生活的向往",重视并引入微观主体人的"生活需求"特性。

同时,我国正处于产业新旧动能转换的关键时期,许多产业领域创新瓶颈制约突出,实现创新驱动发展尤为关键。人口空间动态分布异质性特征明显,人口持续向沿江、东部、铁路沿线地区聚集,公共服务较好的城市聚集了越来越多的人力资源,发展滞后的城市具有人口流出倾向,同时产业创新空间分布差异明显,区域产业创新增长差异呈扩大态势。因此,立足中国特色社会主义新时代,系统厘清人口特别是人才空间配置逻辑,做好"筑巢引凤"文章,探寻创新驱动发展路径,是摆在我们面前的重大课题。

第二节 研究意义

1. 公共服务、人才区位与创新增长研究,本质上是"人才在哪儿"和"创新怎么来"的问题,遗憾的是长期以来对这两个问题的研究缺乏有效联系,导致现有理论面对人力资源空间配置与区域创新增长问题时,往往难以找到对症的破解之道。要破解这一难题,就要从空间区位与动态增长整合研究逻辑出发,将增长和空间(结构)分布纳入同一个框架下进行研究。因此,建立一个符合我国国情的区位选择与动态增长整合理论框架,探索创新驱动和高质量发展背景下人力资源空间配置与创新增长理论机制,揭示人力资源空间配置与创新增长互馈的动力机制,提出破解创新发展不平衡不充分难题的优化策略,是摆在我们面前的重要理论课题。

2. 人力资源是区域创新驱动发展的战略资源,产业创新是建设创新型国家的战略支撑,而人力资源优化配置是实现创新发展的有效保障。中共二十大报告指出,要"加强企业主导的产学研深度融合,强化目标导向,提高科技成果转化和产业化水平……推动创新链产业链资金链人才链深度融合"。人力资源空间配置与创新增长研究结果有助于我们科学把握人才区位和内生创新增长机制,特别是对于完善区域人才政策体系、发挥各地比较优势、促进人才要素空间优化配置和高效集聚、推动形成优势互补高质量发展的区域创新产业布局,以及增强创新发展动力、加快构建高质量发展的动力系统具有重要应用价值,也能为我们分析发展问题及制定创新驱动发展政策提供有力的政治经济分析工具。

3. 在高质量发展阶段,区域竞争的核心将由传统的追逐投资转向追逐知识、追逐人才,人才是区域创新驱动发展的战略资源。近年来,全国多个城市与地区相继发布人才新政,使出浑身解数来招揽人才,线上落户、购房租房优惠、就业创业补贴等政策举措层出不穷,"抢人大战"如火如荼。一方面,我国省级层面和地级市层面人才份额和经济份额不匹配的现象依旧突出,随着人口数量红利的消失,各个城市已经将吸引人才作为提升区域竞争力的重要方式,高质量发展阶段人才区位的研究对于优化人才资源空间配置、促进经济平衡充分发展具有理论意义;另一方面,现实中一些城市在公共政策方面对低技能劳动者尚有偏见,且个体对于公共服务的需求具有差异性,这一现实问题的研究与解答对于促进公共服务均等化、更好地满足和实现人民对美好生活的向往具有政策意义。

第三节 研究内容

全书共分为九章:

第一章为"绪论"。本章主要包括研究背景、研究意义、研究内容、研究方法及可能的创新。

第二章为"人才区位与创新增长:研究评述"。本章首先回顾了影响人口区位选择的收入水平、公共服务、人力资本投资和便利设施机制;接着梳理了城乡结构转换、产业转移升级、城市规模、不可贸易品和迁移流动摩擦与人口区位选择的应用研究,然后从人力资本、人才区位与创新增长,知识溢出、人才区位与创新增长,以及人力资本、结构配置与创新增长等方面概括了人才区位与创新增长的相关研究;再次梳理了创新区位与创新增长整合理论研究;最后提出了国内外研究评述和启示。

第三章为"公共服务与人口区位:异质性视角"。本章首先立足人民对美好生活的向往,基于新空间经济学提出决定异质性人口区位的地方品质效应;接着利用微观数据与城市数据匹配,从全国、区域及不同城市规模层面实证检验公共服务对人口区位的作用;最后借助门槛模型分析了公共服务和收入这两个维度地方品质的非线性耦合作用,揭示这两个维度地方品质对不同技能人口的异质性作用。

第四章为"公共服务与经济增长:教育投入视角"。本章通过构建空间动态面板杜宾模型检验教育投入对我国省级层面经济增长的时空效应,研究发现:在时间维度上,教育投入对经济增长具有促进作用,且长期效应大于短期效应;在空间维度上,教育投入不仅对于本地区经济增长具有直接的推动作用,还会对周边地区经济增长产生正向溢出效应,存在区域协同发展现象,由此说明教育投入对经济增长的"效率与公平"作用能够兼顾。

第五章为"公共服务与经济增长:高校创新投入视角"。本章基于经济地理增长理论,构建了高校创新投入时空效应分析框架,探讨了高校创新投入的经济增长效应和空间溢出效应,揭示出创新投入对经济增长具有正向的增长促进和空间溢出作用。通过选取我国省级层面数据,运用空间动态面板杜宾模型,在结构视角下从全国和区域层面检验了不同类型高校创新投入及其空间溢出对经济增长的影响,并提出了相关对策建议。

第六章为"公共服务与人才区位：以广东为例"。本章基于新空间经济学理论，通过构建多区域人才区位选择模型揭示了人才流动决策的内在机理，并选取2017年广东省微观人才流动个体数据和城市层面特征数据匹配，运用条件Logit模型检验了广东省人口流动决策的影响因素。

第七章为"公共服务与人才区位：引入城市规模"。本章利用2011—2017年CMDS微观数据匹配244个城市数据进行了实证检验，得出了全国层面、分区域、分城市等级的相应结论，主要结果显示城市规模对于公共服务影响人才区位具有非线性门槛效应，只有当城市规模满足一定门槛条件时，增加公共服务供给才能显著吸引人才流入。

第八章为"公共服务、人才区位与创新增长：知识溢出机制"。本章基于新空间经济学理论，立足"公共服务→知识溢出→创新增长"影响机制，在引入公共服务基础上构建东西两区域空间创新增长模型，通过构建一个综合不可贸易品数量、质量及其消费可及性的新空间经济学模型，在探讨公共服务影响异质性主体区位选择的基础上，进一步分析人才区位对于知识溢出及其区域创新增长的影响。

第九章为"结语"。本章在人才区位和创新增长的理论研究和实证研究基础之上，研究新时代我国人力资源与创新驱动发展的对策。随着我国新旧动能的转换，利用公共服务引导人才区位选择将助力实现创新驱动发展，通过区域协调机制优化人力资源空间区位分布将有利于持续、稳定地发挥创新驱动作用。

第四节 研究方法

本书主要采用以下研究方法：

1. 文献研究方法。通过系统梳理、分析、比较已有研究文献，明确理论框架、数据来源、空间计量模型设定、模型估计和统计推断等方面的研究思路。

2. 学科交叉方法。运用系统科学思维方法，在多学科交叉思想下开展研究，结合经济学、行为科学、地理学等基础理论，力争将传统经济学和地理学的研究纳入同一个理论框架。

3. 数理分析方法。以新经济地理学和新新经济地理学的研究方法和理论框架为研究平台，借鉴其将空间因素引入一般均衡分析框架，研究微观主体与经济活动的空间配置与区位选择的数理模型分析方法，以规范的数理推导方法探寻人才区位选择的机制及其与经济发展之间的内在逻辑机理。

4. 数值模拟方法。数值模拟是经济地理学研究动态演化的重要方法之一。这主要是因为经济地理增长理论模型在形式上比较复杂，有些研究难以运用微积分等数理方法研究变量之间的演变关系或求得均衡的显性解，而通过数值模拟方法则可以较为直观地演示这种动态关系。

5. 实证研究方法。对我国人才空间配置、公共服务和住房等问题进行描述性分析和实证计量，为地方人才政策制定和区域创新驱动发展提供经验基础。

本书拟从理论分析出发,通过模型建构、数理分析、实证分析和模拟分析,深入探究新时代人才区位选择与创新驱动发展的内在机制,最后提出相应的政策建议。

第五节　可能的创新

1. 在理论研究方面:①为科学把握新时代人才区位选择提供了一个系统性的理论视角。鉴于当前人才区位选择机制研究系统性不足,时代性不突出,本书在对国内外有关人才区位选择的研究文献进行系统梳理的基础上,结合新时代特征,尝试突破以往单一的人才区位选择机制研究,综合考虑了教育、医疗、交通、生态等公共服务,创造性地构建基于公共服务的异质性人才区位选择模型,提供了一个比较完整的分析公共服务影响异质性人才区位选择的理论框架,全面系统地揭示新时代人才区位选择机理,为全面深入地分析人才区位选择提供了理论支撑。②创造性地构建基于公共服务的异质性人才区位选择与经济增长整合模型,为新时代人才区位选择和创新驱动发展的理解提供了一种比较完整的研究范式和理论依据。本研究尝试突破以往对人才区位选择机制研究忽略微观主体、同质性人才假设及缺乏结合内生增长的研究路径,综合考虑人才区位选择机制的多重性和微观人才的异质性,在引入内生动态增长机制的基础上,借鉴传统新新经济地理学与新空间经济学模型,构建基于公共服务的异质性人才区位选择与经济增长模型,在一定意义上发展了新空间经济学模型框架。

2. 在实证研究方面:采用理论建模、模拟估计和统计分析相结合的研究方法,创新相关研究的分析方法。①在理论模型基础上,基于实证检验进行参数校准,构建了人才区位选择与经济增长模拟分析平台,为公共服务不同的情况下分析人才区位选择对经济发展的影响提供了有力工具;②着重公共服务领域的教育方面,分别从教育投入和高校创新投入两个视角开展了翔实的经验分析和论证;③结合我国宏观和微观层面的实际数据,运用实证研究方法,验证公共服务对人才区位选择和福利的影响,进一步证实人才区位选择对经济增长的影响,并提出新时代国家和地方引才聚才和创新驱动发展的政策建议。

第二章
人才区位与创新增长:研究评述[*]

第一节 人口区位选择机制研究

关于人口区位[①]的研究,可以追溯到刘易斯二元结构理论(1954)、蒂博特理论(1956)、托达罗模型(1969),到 Lee(1966)、Bogue(1975)的推拉理论和 Beckmann(1976)的共享交流理论、Rosen(1979)和 Roback(1982)的便利设施作用理论,再到后来的新经济地理学(1991)和新近的新空间经济学(2017),这些研究从收入均等、空间交互、学习匹配、不可贸易公共服务品选择和迁移摩擦等方面深入探讨了人口区位选择的理论机制(董亚宁等,2019)。从已有文献来看,人口区位选择机制研究主要有四条主线。

---

[*] 本章部分内容是在笔者合作发表的论文《人口区位选择研究回顾与展望:基于新空间经济学视角》(《西北人口》2019 年第 6 期)的基础上修改而成,感谢合作者的贡献。

[①] 人口区位一般是指人口在一定时间内的空间存在形式、分布状况、流动(迁移)特征,是受自然、社会、经济和政治等多种因素作用的结果。人才区位与人口区位并没有本质区别,只是由于人才一般具有相对较高的人力资本水平,使得工资收入、迁移摩擦等因素对其区位选择的影响更有限。

一是基于收入机制的研究，侧重于人口流动的经济动机。根据刘易斯二元结构理论，农村剩余劳动力随着经济增长不断迁往城市，当农村剩余劳动力被城市完全吸收时城乡工资趋向一致；费景汉和拉尼斯（1989）则在刘易斯模型基础上，把农业剩余劳动力转移的实现由无阻碍转变为可能受阻的三阶段发展过程。托达罗模型（Todaro，1969）和哈里斯—托达罗模型（Harris，1970）揭示城乡之间预期收入差距是城乡人口迁移的原因，从而形成人口迁移理论的"托达罗传统"。此外，也有研究认为农村内部劳动力之间相对收入差距是城乡人口迁移的原因之一，提出相对贫困的农村劳动力更会选择迁出农村，蔡昉和都阳（2002）利用中国数据作了验证。

二是基于公共服务品机制的研究，侧重于回答公共服务品供给对人口迁移流动的影响。早期 Tiebout（1956）发现人们对地方公共服务品具有不同需求，政府可以通过不同组合的公共服务品影响人口流动。Buchanan（1965）最早强调了不可分割商品和设施的共享对于空间区位选择的重要性。实证研究也支持该理论机制，侯慧丽（2016）利用中国2014年的数据，发现城市公共服务对流动人口具有吸引力。杨晓军（2017）利用中国2006—2014年的城市数据，实证发现城市医疗服务和文化服务对流动人口进入城市的显著影响。

三是基于人力资本机制的研究，侧重于回答人力资本积累对人口流动的影响。受人力资本理论启发，Fujita & Thisse（2003）将C-P模型与内生增长机制结合，发现区域知识资本量是区域中熟练工人相互影响的结果,这种结果受熟练工人空间分布影响。鉴于上述模型缺乏人力资本投资机制,谭成文(2002)在 Fujita & Thisse 研究的基础上提出了一个引入人力资本投资的综合模型,揭示了增长和集聚的互动关系。Rossi-Hansberg & Wright(2007)构建了随机增长环境下空间均衡模型,发现城市增长由内生人力资本积累和外生人口增长驱动,且实证得出城市规模分布近似于齐夫定律,但该研究并未揭示出人力资本积累的微观机制。Lucas & Moll(2014)从微观个体学习出发,假设每个个体把时间在生产产品和获得新技术之间进行分配将影响生产率分布、知识增长率及经济增长率,同时考虑个体努力程度和个体所处环境,从而构建了一个人力资本随时间增长和空间变化的集聚与增长整合模型。

四是基于便利设施机制的研究,侧重于回答生态环境、教育医疗和交通设施等便利设施对人口迁移的影响。Rosen(1979)和 Roback(1982)最早提出便利设施在影响人口区位选择方面的作用,Glaeser(1999)、Rappaport(2007)都强调了城市便利设施的重要性。Glaeser(1999)发现"逆向通勤"现象,即郊区工作的人愿意承担中心城市更高的生活成本和通勤成本去接近消费机会,还发现气候、剧院和博物馆的存在与城市发展之间有积极的联系。Duranton & Puga(2001)回顾几十年城市的发展,发现拥有更好设施的城市发展得更快。Camagni 等(2016)通过对 136 个欧洲大城市进行实证研究,发现城市功能的提升是实现城市增长的关键。Gerritse & Arribas-Bel(2018)发现公路密度提高了美国大都市地区的聚集效益。Zhang 等(2020)研究了便利设施对塑造中国创新区位的影响,实证表明温度、空气质量、阳光、教育资源和医疗服务相关的设施对创新驱动型增长至关重要。Ahlfeldt 等(2015)引入生产力、便利设施(如森林和湖泊的可得性)、刚性土地供应、旅行成本和通勤成本,提出了一个融合城市空间组织和功能特征的综合模型。

可以看出,已有文献开展了探索性研究,大多研究通常假设区位选择效用函数满足:$U(A_i, \upsilon(c(P_i), \omega)) = \bar{U}$,$\partial U/\partial A_i > 0$, $\partial U/\partial \upsilon > 0$,其中,$A_i$ 表示便利设施,对效用具有正向作用。然而,现实中实体环境、知识溢出、公共服务等因素对人口区位选择的作用是协同融合的。同时,部分研究将人从生产角度物化为一种要素投入,忽视了人从消费角度的生活需求效应,因此并不能够系统性诠释和揭示人口区位选择机制。现实情况是,随着一个国家经济持续发展,当居民的收入水平不断提高,一般性物质文化需求已经得到满足时,更好的教育、更高水平的医疗卫生服务、更舒适的居住条件、更丰富的精神文化生活等这些不可贸易品将成为影响区位选择的重要因素,这也完全符合中共十九大报告对我国社会主要矛盾转化的战略判断。还需强调的是,与小国经济空间同质性特征明显不同,我国作为典型的大国经济,在地域环境、资源条件、文化生活等方面都存在明显的空间异质性特征。

为此,基于传统空间经济学理论,国内学者提出了新空间经济学理论,试图为科学回答"创新在哪里"这一时代问题提供系统性理论框架,其核心观点是区域繁荣、产业发展、创新区位和人才区位选择内生于地方品质,基于微观异质性主体的需求偏好、技能等个体差异,从需求端以地方品质驱动人口空间区位选择,亦即随着人民对美好生活的更加向往,人口特别是人才在进行区位选择时更加注重区域内在的以实体环境、知识溢出,以及不可贸易品数量、质量及其消费可及性(速度特征)为代表的地方品质(杨开忠等,2021)。该地方品质可表达为 $Q_i = \prod_{j \in J}(\sum_{n \in N} f(\phi_I, \phi, s, q)^\vartheta)$,其中,$\phi_I$、$\phi$、$s$ 和 q 分别表示区内消费可及性、区际旅行成本(可及性)、不可贸易品数量及不可贸易品质量,N 表示经济系统中的区域数量,J 表示经济系统中不可贸易品种类。

第二节　人口区位选择应用研究

伴随着人口区位选择机制研究的逐步拓展完善,围绕人口区位选择的应用研究大量涌现,主要集中在城乡结构转换、产业转移升级、城市规模、不可贸易品和迁移流动摩擦等方面。

一、城乡结构转换与人口区位选择

城乡二元结构转换进程总是伴随着劳动者向高收入地区转移的过程。一国农业劳动力占劳动力总量的比重会随着人均GDP增长呈现先加速下降而后减速下降的趋势,其分界点被称为刘易斯转折点,这其中人口流动是核心问题。因此,自21世纪初以来,大量学者围绕刘易斯转折点是否到来开展了争论性研究。

以蔡昉、吴要武和黎煦等为代表的学者认为刘易斯转折点在我国已至或趋近。蔡昉(2005)发现劳动力短缺显现端倪,且认为随着中国农村劳动力转移规模的缩小,二元结构反差缩小,则将趋向于刘易斯转折点。吴要武(2007)以工资上涨和就业结构变化为判断刘易斯转折点的依据,利用1995—2006年的数据分析得出中国企业工资支付水平于2003年和2006年都有明显提高,且城市非正规就业有所减少。黎煦(2007)根据英、美、日等发达国家的数据,发现刘易斯转折点出现在人均GDP达到300~500美元及农业劳动力占比达到40%~50%时,并以此判断中国刘易斯转折点已至。蔡昉和都阳(2011)从工资的角度也证明了刘易斯转折点的到来。

另一种观点认为刘易斯转折点在我国尚未到来或可延缓。宋世方(2009)认为只有农业部门剩余劳动力转移引起的非农业部门工资及人均资本上涨才能作为刘易斯转折点的依据,并利用我国1980—2005年的数据分析得出刘易斯转折点尚未到来。汪进和钟笑寒(2011)对跨国数据分析,发现刘易斯转折点在人均GDP为3000~4000美元(购买力平价2000年国际美元)时出现,但是我国人均GDP已经超越了这一水平,而农业劳动力比重远高于该经济发展水平下的世界平均水平,因此认为我国通过政策调整仍有推迟刘易斯转折点到来的可能。王必达和张忠杰(2014)利用1997—2012年的数据,实证得出1997—2004年超越了刘易斯第一拐点,2005—2012年各区域又返回到刘易斯第一阶段,农村剩余劳动力依然过剩。杨帆和黄少安(2017)认为人口红利仍有潜力,刘易斯转折点尚未到来。

上述研究因对刘易斯转折点认识角度的不同得出了不同的结论。但是,无论刘易斯转折点是否已至,发展农业技术和提高劳动力技能是我国的必然选择。

二、产业转移升级与人口区位选择

现代经济发展的结构变迁过程也是产业转型升级的过程和劳动力就业布局空间调整的过程。大量研究表明产业转移是人口迁移流动的重要因素,劳动力会随着产业的转移而转移。樊士德和姜德波(2014)从文献综述的视角,围绕劳动力流动与产业转移的因果关系做过总结,倾向于认为两者互为因果。牟宇峰(2016)同样从文献综述的视角,进一步发现产业转移对就业人口流动的作用强于后者对前者的反应。就我国现实来看,较早集聚于东部沿海地区的劳动密集型产业吸引了大量中西部地区的农村剩余劳动力,而2008年金融危机后的劳动力回流可催生劳动密集型产业向中西部地区转移及东部沿海地区的产业升级(刘新争,2012)。傅允生(2013)发现2008年后形成劳动力回流趋势,且认为劳动密集型制造业与劳动力向中西部地区转移所形成的协同效应有利于产业结构调整与区域经济协调发展。安虎森和刘军辉(2014)通过实证研究得出劳动力在经济发展初级阶段随产业转移而转移,进入经济发展成熟阶段后,劳动力流动与产业转移两者间则互为因果。他们还发现劳动力迁移随劳动生产率的变化而变化,即当劳动生产率达到能够释放出大量农业剩余劳动力时,劳动力向发达地区转移,而当劳动生产率达到欠发达地区能够承接产业转移时,劳动力向欠发达地区转移。

三、城市规模与人口区位选择

城市的明显特征是人口和企业的集聚,农村剩余劳动力和高生产力劳动力往往倾向于在城市就业和定居,研究表明这其中一个关键原因是人口迁移流动与城市规模的累积因果循环关系。一方面,城市是积累人力资本的好地方,人在城市能够更容易寻找工作,且在城市积累现代生产所需技能(Lucas,2004)。Combes等(2008)指出分类效应将更多有才华的员工划分到更大的城市,Melo等(2009)发现大城市的工人生产力更高,且生产率与城市人口规模之间的弹性高达5%。Combes等(2012)将Melitz & Ottaviano的企业选择模型扩展至多个城市,以解释大城市生产力更高的原因,实证显示大城市的生产力优势主要源于集聚外部性。孙中伟(2015)发现农民工偏好迁移至大城市,并且建议建设一批大城市以缓解超大城市的人口压力。郭力(2015)发现随着城市化进程,人口流动使得城市体系由两极化转变成均衡化,并且建议大城市在城市化初期鼓励人口流入,从而降低资本—劳动比,后期则要防止人口过度集聚,而小城市在初期应大力承接产业转移,从而快速提高资本—劳动比,后期则要注意防止资本过度集聚。另一方面,人口不同程度的集聚形成了城市层级体系,而不同城市规模又反过来影响人口迁移流动。Auerbach(1913)最先发现城市规模分布近似于齐夫定律,Ioannides & Overman(2003)用不同国家的数据提供了证明。Behrens等(2014)则把劳动力分类、企业选择和集聚经济三个主要因素与城市规模内生相结合,提供了一个解释城市规模与城市生产力关系的有效框架,即大城市选择更具生产力的企业意味着吸引高生产力劳动力,而高生产力劳动力反过来又加强了城市对高生产力企业的选择,由此导致高生产力企业支付高工资,从而致使城市规模更大,进而增强了集聚经济;同时在城市静态模型设置中生成了齐夫定律,发现均衡时的城市人口规模依赖于其企业家的生产力。

四、不可贸易品与人口区位选择

关于不可贸易品与人口迁移流动的研究,主要体现在公共服务、社会服务、住房和生态环境等方面。在公共服务和社会福利方面,Koethenbuerger(2014)发现福利政策和税收政策是影响人口流动的重要因素。侯慧丽(2016)利用我国2014年的数据,发现城市公共服务对流动人口具有吸引力,且城市规模越大,流动人口获得公共服务的可能性越大,居留意愿也越强。杨晓军(2017)利用我国2006—2014年的城市数据,实证发现城市医疗服务和文化服务对流动人口进入城市的影响显著。

在住房方面,Gabriel等(1992)和Potepan(1994)都认为房价是区内人口迁移流动的重要决定因素。Saks(2004)和Rabe & Taylor(2010)分别利用美国和英国的数据,发现高房价抑制区际人口迁移流动。Zabel(2012)利用美国1990—2006年的MSAs数据发现了住房对人口城市间迁移流动的影响。安虎森、颜银根和朴银哲(2011)实证发现城市高房价限制了非技能劳动力在城乡之间自由流动。高波、陈健和邹琳华等(2012)利用2000—2009年我国35个大中城市的数据,实证发现高房价促使人口迁出城市。李勇刚(2016)利用我国1999—2013年的数据,实证发现房价抑制了农村剩余劳动力流动,高房价产生了明显的"挤出效应"。

在生态和自然环境方面,Carlino & Saiz(2008)提出靠近大海、风景、历史街区、建筑美、文化和娱乐机会、低税收、更好的学校、更短的通勤及更好的工作条件等都是衡量生活设施需求的指标。同时,发现公共娱乐场所的投资与城市吸引力正相关,"美丽的城市"不均衡地吸引了受过高等教育的人,从而证明了休闲娱乐设施对经济增长的影响。卢洪友等(2017)认为气候变化会引发"环境贫困陷阱",并利用1994—2009年中国数据,实证得出气温高于平均温度1摄氏度,人口迁移率随之上升0.475%,且在高收入地区较为敏感,但降水量变化对人口流动的影响并不显著。

五、迁移流动摩擦与人口区位选择

户籍制度是影响人口区位选择的关键因素（Whalley & Zhang，2004；Au & Henderson，2006；Chan & Buckingham，2008；Henderson，2010；蔡昉和王美艳，2009；周文等，2017）。Bosker 等（2012）运用中国数据，发现如果放松户籍限制，人口将更加趋向于向发达地区和大城市等中心区域流动。余吉祥和沈坤荣（2013）指出户籍制度改革会促进人口自由流动，从而提高人口集聚程度，同时扩大地区差距。朱江丽和李子联（2016）通过户籍制度对人口结构变化的数值模拟，发现户籍改革会造成农村劳动力迁移成本下降，影响地区经济发展，促进大市场地区的形成、不断集聚和集聚削弱三个过程的发生。

人口进行区位选择时更倾向于选择低通勤成本或低迁移成本的地区。因此，交通基础设施的改善通过降低区内通勤成本或区际迁移成本有助于人口迁移流动，同时低通勤成本也能促使人们定居于离中央商务区（CBD）或工作地点更远的地区。国内外研究找到了许多有关交通基础设施影响人口区位选择的证据。Baum-Snow（2007）利用美国 MSAs 数据，发现州际高速公路网络的每条辐射路导致中心城市人口减少 9%。Garcia-López 等（2013）利用西班牙 1991—2011 年的数据，发现每条辐射高速公路造成中心城市人口减少了 5%。杜旻和刘长全（2014）实证发现人均道路长度每增长 1%，城市人口相应增长 0.015%。

第三节 人才区位与创新增长研究

一、人力资本、人才区位与创新增长研究

通过文献梳理发现,人力资本积累机制是人才区位与创新增长的作用机制之一。人力资本理论较早从人力资本积累与空间分布的角度分析人才区位与创新增长的关系。Sjaastad(1962)将人口区位视为一种具有成本和收益的人力资本投资方式,认为人力资本是地区增长的发动机。舒尔茨(1990)认为可以通过在职培训、正规教育、医疗保健来影响人力资本形成,人力资本进一步通过提高劳动者产出率、增强技术吸收能力而促进内生创新增长(Teixeira 等,2016),而人口区位会造成流出国当期人力资本存量的变化,从而影响本地的创新发展(Miyagiwa,1991;Haque 等,1995)。

二、知识溢出、人才区位与创新增长研究

知识溢出有利于促进人力资本投资进而促进创新增长,受教育程度或技能水平越高的流动人口在集聚经济中获益越多,而且随着城市人力资本累积程度的增加,集聚规模会进一步扩大(Behrens 等,2014)。Ciccone & Peri(2006)认为学习外部性的存在使受过教育的年轻工人倾向于选择人口密集地区,生活在人口密集的城市地区可能

比生活在农村地区更能提高人力资本积累。目前大部分实证研究发现人才区位有利于区域创新发展,尤其是高技能劳动力的迁移为迁入地提供了技术创新。有研究,例如 Serafinelli(2014)实证发现工人流动有助于生产率的提高,特别是一组高生产率企业进入后,工人流动会使原有企业生产率增长 10%。Kerr 等(2017)利用经济合作与发展组织(简称"经合组织",OECD)国家的人口迁移数据研究了高技能劳动力迁移对全球的影响,发现高技能劳动力对目的地国家创新具有贡献,并且产生集聚经济。吕拉昌等(2018)利用我国城市层面数据实证发现每增加 10%高技能迁移人口数量会增加 3%创新产出。史桂芬和黎涵(2018)通过引入人口迁移变量的内生人口增长模型分析得出人口迁移推动经济增长的结论。

三、人力资本、结构配置与创新增长研究

在产业结构不断转型的过程中,如何从创新主体"人"的层面进行产业创新部门与生产部门的适配性研究是关乎我国产业在当前阶段转型效率和在未来阶段发展水平的主要问题。就现有人口与产业创新适配研究来看,国外学者更多地从人力资本与经济发展关系方面探讨人口结构与产业创新适配。Romer(1990)认为各种生产要素在产业内部、产业之间不断流动和配置反映了产业结构变化的本质,人力资源是产业结构变动和调整的前提条件,同时也是影响创新增长的核心因素。Leonhard(2008)指出人力资本水平

越高知识的外溢效应就越好,就更能诱发技术创新,从而促进产业结构的转化。Acemoglu(2003)和Ciccone(2009)认为人力资本水平与技术开发和应用水平呈正相关,即人力资本水平愈高愈能推动技术开发效率和应用水平的提升,进而推动产业创新优化升级。Edward(2014)从理论上分析了产业结构与职业结构的相关关系,通过对加利福尼亚州各个大城市相关数据进行实证分析,得出产业结构和职业结构之间存在一致性的结论。Florida(2015)将关注点放在人口与经济发展和地理位置之间的关系上,他探讨了创意人才与创意产业、高科技产业和地区收入的相关关系。国内对人口与产业创新升级关系的研究主要集中于两个方面:人口结构与产业结构相关关系、人口结构与产业结构偏离度。罗文标(2003)、赵光辉(2005)、刘春香(2010)等主要从定性角度分析得出人口是产业结构调整的基础,而产业结构的优化升级也要求人口数量和质量的调整。胡建绩、王佳(2007)通过定量分析方法设计了产业贡献—劳动力投入矩阵,研究浙江宁波劳动力与产业结构的相关关系。张延平(2011)基于协同学,从省级层面进行了区域劳动力结构优化与区域产业结构升级的协调适配度的测算及预测。

此外,技术选择与人力资本之间也存在一种适配关系。Prescott(1998)认为技术水平不同是导致各个国家收入差距产生的一个重要因素。Mincer(1991)认为,正是技术进步导致的就业状况差别及收入分配上的不均等,使得人力资本投资更加有利,因此,引发了人力资本投资的增加。Acemoglu(1996)认为人力资本与特定技术之间能够实现有效地契合与匹配,其"有效性"表现为适配时技术与人力资本组合的边际生产率最大。Autor 等(1998)的研究显示,计算机使用普及率高、增长快的行业,工人技能也会上升迅速。姜雨、沈志渔(2012)认为技术进步一方面表现为物质形式的新工具、新机器的出现和应用,另一方面则表现为掌握技术的劳动者的人力资本水平的提高,因此,技术选择必然影响到人力资本积累的形成。

第四节 创新区位与创新增长整合理论研究

实际上,创新增长与创新区位代表了创新发展的时间属性和空间属性,是同一问题的两个方面。然而早期关于创新发展的研究缺乏将创新增长与创新区位有效地联系起来。要解决这一难题,必须处理两大问题:一是如何将空间区位与创新生产机制相融合;二是如何将空间因素纳入一般均衡框架。关于第一个问题,从理论上已经具备深厚的研究基础并取得显著进展,主要是从动态外部性考虑企业与产业创新发展的驱动力[1]:一是 MAR 外部性,强调在同

---

[1] Glaeser 等将集聚外部性归为三类,详见 Glaeser E L, Kallal H D, Scheinkman J A, Shleifer A. Growth in Cities. *Journal of Political Economy*, 1992, 100(6):1126—1152.

一个产业内部发生知识溢出,认为某个产业的地理集中度、专业化程度和地方垄断程度越高,越有利于产业创新增长;二是 Jacobs 外部性,强调不同产业之间的知识溢出,城市的产业多样化环境更有利于产业增长,并且地方竞争程度越高,越有利于企业创新和采用新技术;三是 Porter 外部性,强调产业地理集中促进知识溢出并引起增长,并且地方竞争比垄断更有利于知识传播和企业创新,从而促进产业创新增长。关于第二个问题,从艾萨德将杜能、韦伯、克里斯泰勒、廖什等人的模型整合为统一框架,到阿隆索建立完全竞争市场结构的单中心城市模型,再到 1977 年 D-S 框架提供了一个处理报酬递增与运输成本的崭新工具,终于为空间因素纳入一般均衡框架奠定了坚实基础。

创新区位与创新增长整合理论研究方面,在解决了上述两个关键问题后,学者就开始了创新空间区位与动态增长整合理论研究。自 Baldwin(1999)提出一个结合新经济地理学与新古典增长理论的资本创造模型以来,相继有一系列将空间区位机制和内生增长机制纳入同一框架的研究。下面以内生增长机制为主线进行系统梳理。(1)基于物质资本增长机制的整合模型研究。主要围绕新经济地理学理论来开展,Martin & Ottaviano(1999)在 Baldwin(1999)的基础上,首次把 Romer(1990)的内生增长机制引入新经济地理学模型中,建立了全域溢出模型。新近研究在 AK 模型中引入空间维度,如 Boucekkine 等(2013)通过假设人口均匀分布在单位圆上研究了 AK 经济增长的最优动态。(2)基于人力资本增长机制的整合模型研究。Fujita & Thisse(2003)将 C-P 模型与内生增长机制相结合,从人力资本角度进行整合模型的初步探索;谭成文(2002)在 Fujita & Thisse(2003)的基础上,提出了一个引入人力资本投资的综合模型,并能够揭示经济增长和集聚的互动关系。Rossi-Hansberg & Wright(2007)则从城市层面通过构建随机增长环境下城市增长一般均衡模型,研究了人力资本外部性与城市规模分布之间的关系。(3)基于知识创新增长机制的整合模型研究。Martin & Ottaviano(1999)在 Martin-Rogers(1995)框架中引入 Romer(1990)式增长机制,假定生产部门生产同质产品和多样化产品,多样化产品规模收益递增且存在交易成本。Baldwin & Forslid(2000)将 Romer(1990)的内生增长机制引入 C-P 模型,在人口自由流动的假设下讨论了空间集聚和经济增长的问题。Hirose & Yamamoto(2005)在 Martin & Ottaviano(1999)的基础上引入知识区际溢出的非对称性。Perla & Christopher(2012)从企业模仿学习的角度,构建了搜寻增长模型。赵凯(2016)通过向资本密集型企业征税补贴知识密集型产业的方式将研发过程内生化,作了拓展性研究。

创新区位与创新增长实证研究方面,大量实证研究开展了创新生产、空间因素对产业创新区位动态与增长的分析。在创新生产方面,Hu & Jefferson(2004)发现企业用于技术创新的研发投资对于创新增长具有正影响作用;孙晓华和王昀(2014)、刘建翠(2007)也定量分析了R&D[①]对高技术产业创新增长的影响,得出研发对创新增长有促进作用的结论;戴魁早(2011)从行业层面考察了R&D资本投入和R&D人力投入对TFP(全要素生产率)和技术进步的影响;李若曦等(2018)将自主创新、模仿创新和技术模仿等技术活动置于技术学习曲线理论框架下,实证考察了它们对技术进步的影响。空间因素方面,从知识溢出角度,周明、李宗植(2008)认为R&D经费投入与人力资源对区域的高技术产业创新起着显著的正向推动作用,产业集聚会产生空间知识溢出效应,对区域技术创新起正向推动作用并且效果显著。刘军等(2010)以科技人员投入、科技经费投入及制度创新作为控制变量,考察产业集聚对区域创新的影响,结果显示产业集聚对区域创新有正向推动效应并且效果显著。霍春辉等(2016)以仪器仪表业和电子产业为研究对象,发现高技术产业专业化的程度越高,它的创新绩效就越好。也有不少学者发现产业集聚对区域技术创新的影响并不显著(史修松,2008;吕承超,2016)。已有研究也表明,产品市场角度的空间分割也是影响产业创新增长的重要因素。张军和施少华(2003)发现对外开放度与TFP增长率呈显著正相关。赵永亮和刘德学(2009)发现地方保护壁垒导致的市场化程度下降造成创新效率的降低。孙早等(2014)得出市场一体化对创新效率有正向影响。贺灿飞(2007)、

[①] R&D一般指科学研究与试验发展。

孙英隽和高泽坤（2016）、袁茜等（2019）的研究也证实了一体化有利于提升高技术产业研发效率。

第五节 人才区位与创新增长国内外研究评述

国内外学者就人力资源配置问题开展了大量研究。围绕人力资源空间配置的研究，大多将人物化为一种生产要素，并未基于人的"需求"出发探讨人才区位。鉴于此，我国学者率先提出了多层次空间经济理论——新空间经济学（杨开忠，2019），其核心观点是区域繁荣、创新区位取决于人力资源，而人才区位主要取决于地方品质。具体而言，随着人民对美好生活的更加向往，人力资源在进行区位选择时会更加注重区域内在的以公共服务数量、质量及其消费便捷性为代表的地方品质，即人力资源区位选择很大程度上取决于地方品质，而创新区位进一步取决于人才区位。本研究将在前人基础上进行改进：一是针对传统研究仅开展单区域局部均衡分析、未能基于一般均衡理论开展多区域研究的现状，构建引入地方品质对人力资源空间重配的影响、探讨人力资源空间重配对创新增长的影响的多区域空间经济学综合理论框架；二是针对传统公共服务研究忽视质量及其消费便捷性问题，引入公共服务数量、质量及其消费便捷性等不可贸易公共服务影响机制。围绕人力资源结构配置的研究，目前已有学者采用灰度关联法、因素分解法、耦合协调度、神经网络法、DEA模型(数据包络分析模型)等多种分析工具评价人口与产业创新适配程度,这些方法值得借鉴,但仍存在局限性。主要表现在:(1)大多研究侧重实证,并未基于一般均衡框架进行人口与产业创新适配的内生机制研究;(2)大多研究集中于对省或市层面的人口与产业适配程度的评价,未能基于微观数据进行评价,研究时所采用的评价方法相对比较单一,未能综合多种方法进行评价。

现有创新区位与创新增长理论有待完善的空间还很大。现有研究大多依据西方主流经济增长理论或创新地理理论对创新活动现象进行解释,为科学把握创新增长问题做出了有益探索,但也各有局限:(1)增长理论研究者从创新生产角度科学解释了创新发生的内生必然性,揭示了持久创新的动力机制,能够解释长期创新增长问题,但是忽视了空间作用,给人的印象是创新活动发生在针尖上;(2)创新动态区位研究者从空间维度揭示了创新的空间作用机制,但是并未从生产角度考虑创新的"源泉"问题,给人的感觉是空间作用能让创新活动"从天而降";(3)忽视微观主体异质性,研究往往以微观同质性主体为前提,这样的假设导致增长的整体性和区位选择的瞬间性,无法刻画微观主体的动态机制。虽然国内学者在产业创新区位动态与创新增长方面研究很多,但也存在局限性,对实践的指导性尚有不足:(1)理论基础有待完善,现有研究要么关注产业创新活动空间分布的均衡,要么关注产业创新活动长期动态增长的均衡,往往忽略了产业创新活动空间分布与长期动态增长的关系,尚未在区位选择与增长整合的理论上建构起研究框架;(2)缺乏系统性,要么侧重创新要素流动,要么侧重创新企业研究,事实上,创新要素与创新企业具有耦合互馈作用,创新区位动态与创新增长研究是一项复杂系统工程,理论研究的不完善导致大多应用研究缺乏系统性和可靠性;(3)实证研究多集中于探讨 R&D 活动对于 TFP 的影响,从要素流动、企业迁移等视角探讨创新区位动态与创新增长的机制研究较为少见。事实上,创新活动的动态产出与区位分布代表了创新发展的时间属性和空间属性,是同一问题的两个方面。为此国内外学者一直尝试集聚与增长整合理论研究(Acs 等,2019;Bond-Smith 等,2019;杨开忠等,2019),逐渐发展形成了经济地理增长理论,这些研究能够为开展创新增长研究提供借鉴(董亚宁,2021)。

第三章
公共服务与人口区位:异质性视角*

第一节 引 言

中共二十大报告明确指出,要优化人口发展战略。随着人口出生死亡形势的变化,人口迁移流动已经成为并将长期成为影响我国人口变动趋势的决定性因素。2020年第七次全国人口普查数据显示人户分离人口为49276.3万人,其中,市辖区内人户分离人口为11694.6万人,流动人口为37581.7万人[①];与2010年第六次全国人口普查数据相比,人户分离人口增加23137.6万人,增长88.52%;市辖区内人户分离人口增加7698.6万人,增长192.66%;流动人口增加15439.0万人,增长69.73%。值得注意的是,《国家人口发展规划(2016—2030年)》预计,2016—2030年农村向城镇累

---

* 本章内容是在笔者合作发表的论文《地方品质对异质性劳动力流动的影响——基于中国CMDS微观调查数据的分析》(《财经科学》2021年第11期)的基础上修改而成,感谢合作者的贡献。
① 人户分离人口是指居住地与户口登记地所在的乡镇街道不一致且离开户口登记地半年以上的人口;流动人口是指人户分离人口中扣除市辖区内人户分离的人口。

计转移人口约2亿人,城镇化水平持续提高,以"瑷珲—腾冲线"为界的全国人口分布基本格局保持不变,同时人口将持续向沿江、沿海、铁路沿线地区聚集,城市群人口集聚度加大。这意味着,未来一个时期我国人口迁移流动仍然会呈现出规模性和非平衡性的特征。因此,系统厘清人口迁移流动机制,尤其是科学揭示人口迁移流动背后的逻辑机制,科学把握我国城乡和区域人口迁移流动是摆在我们面前的重大课题。

纵观已有文献,西方主流经济学关于人口区位选择的研究可以梳理为两个理论视角。一是劳动经济学视角。源于早期对国际移民现象的思考,Roy(1951)提出个体会根据自身偏好与技能做出适宜自身的区位选择,导致不同国家或地区吸引到不同技能的劳动力,从而形成不同国家或地区间的工资收入差异,这种过程被称作自选择过程,Roy的该观点也被称为"自选择理论"。Borgas(1987)进一步拓展了Roy的理论,认为高技能劳动力从技能回报低的地区迁移到技能回报高的地区为正向选择,而低技能劳动力从技能回报高的地区迁移到技能回报低的地区为负向选择,同时还认为分类效应导致技能回报越高的地区高技能移民占比会越来越高,低技能移民会相对减少,由此提出了劳动力选择效应和分类效应。后来大多数学者基于Roy模型和Borgas模型开展了异质性劳动力区位研究,一些经验分析也验证了两类效应的存在(Grogger & Hanson, 2011)。然而,传统劳动经济学并没有考虑空间因素对劳动力流动的影响,这一缺失在空间经济学研究中得到了填补(Chiswick,1999;梁琦等,2018)。二是空间经济学视角。Mori & Turrini(2000)较早地在新经济地理学中引入异质性劳动力,通过优质产品对工人技能要求更高及产品卖到外地需同时支付冰山运输成本①和包含固定质量损失的信息成本两个假定,发现贸易优化的结果是较高技能的工人选择在较高技术要求和较高收入地区就业,较低水平的工人则选择在边缘地区就业。这也体现了异质性劳动力区位的选择效应,但该选择机制与传统劳动经济学的选择机制并不相同。Venables(2011)进一步提出了高技能劳动力和低技能劳动力区位选择过程中的主动和被动选择效应,认为城市本身是一种自我选择机制,高技能劳动力主动选择在大城市生活(主动选择),并把这种区位选择当作高技能的信号显示机制,这种自我选择提高了城市中劳动力的匹配程度,并最终提高了城市劳动生产率的平均水平,城市生活成本又引致劳动力自选择,生活成本越高的城市,高技能劳动力占比也会越高(被动选择)。Behrens等(2015)研究发现高技能劳动力倾向于选择在大城市居住和就业,而大城市中也分布着更多高生产率企业和高技能劳动力,并把这种效应称为分类效应。Davis & Dingel(2014)通过一个城市空间均衡模型也为此提供了证据,越大的城市拥有越高的技能溢价,即能力

---

① "冰山运输成本"最早是由美国经济学家萨缪尔森(Paul Anthony Samuelson)提出,他认为产品在贸易过程中会有一部分被"融化"掉,只有部分商品最终能够抵达目的地,"融化"掉的部分即为产品的贸易成本。

越强的人在大城市通过学习机制获得的好处越多,而能力较弱的人倾向于流入小城市,因为那里的生活成本更低。综合来看,尽管两种理论视角对异质性劳动力流动的分析逻辑存在差异,但都提出了异质性劳动力区位选择过程中存在选择和分类效应(简称选择分类效应),都认为高技能劳动力倾向于选择收入高的大城市,而低技能劳动力倾向于选择生活成本低的小城市。

然而,这样的理论预期似乎与近年来中国的经验事实并不吻合。根据国家卫生健康委员会公布的中国流动人口动态监测调查数据(CMDS),从流动人口总量来看(见表3-1)①,2011—2017年我国东部和中西部区域、大中小不同城市规模间不同学历流动人口占比在不同年份均基本保持稳定。从不同学历人口流动区域来看,初中及以下、高中和中专、大专及其以上受教育程度人口流动总量在东部区域占总流动人口规模的比重自2011年到2017年一直都维持在一半左右,在中西部区域流动总量也基本维持在一半左右;从城市规模②来看,流入到特大和超大城市的初中及以下、高中

---

① 该数据调查对象为年龄在15岁以上的流动人口,且考虑到新古典经济学假设条件,认为劳动力数量与人口数量满足正比关系,因此用人口流动数据刻画劳动力区位;关于异质性劳动力界定,这里主要以受教育程度差异代替劳动力知识技能的异质性。

② 本章参照国务院2014年印发的《关于调整城市规模划分标准的通知》,根据城市年末总人口划分不同城市规模,划分为中小城市(年末总人口100万以下)、大城市(年末总人口100万以上,500万以下)、特(超)大城市(年末总人口500万以上)。由于中小城市样本量非常小,故不对其做实证分析。

表3-1 2011—2017年不同学历流动人口在不同区域和不同规模城市占总流动人口比重统计(%)

学历	地区	2011	2012	2013	2014	2015	2016	2017
初中及以下	东部	47.26	53.52	52.02	50.39	52.82	49.58	49.66
	中西部	52.74	46.48	47.98	49.61	47.18	50.42	50.34
	小城市	7.13	6.56	7.58	8.14	7.62	7.71	7.60
	中等城市	16.87	16.27	18.12	17.44	18.64	16.90	16.70
	大城市	56.40	51.06	54.90	55.42	54.84	55.35	55.76
	特大城市	13.09	13.40	11.48	11.44	11.62	12.85	12.65
	超大城市	6.52	12.71	7.93	7.56	7.29	7.20	7.28
高中和中专	东部	49.43	54.15	49.98	46.92	50.76	48.65	49.49
	中西部	50.57	45.85	50.02	53.08	49.24	51.35	50.51
	小城市	4.09	3.97	5.11	5.34	4.64	4.26	4.74
	中等城市	13.38	12.13	14.81	13.26	14.33	10.68	11.53
	大城市	55.21	43.87	49.03	50.31	50.39	50.92	50.46
	特大城市	12.82	12.14	11.78	11.88	12.06	14.50	14.82
	超大城市	14.50	27.88	19.26	19.20	18.58	19.63	18.45
大专及以上	东部	54.55	61.85	56.73	54.24	57.22	55.78	54.36
	中西部	45.45	38.15	43.27	45.76	42.78	44.22	45.64
	小城市	5.63	5.05	6.44	6.90	6.27	5.73	5.65
	中等城市	14.77	14.13	17.29	16.64	16.53	14.76	14.31
	大城市	59.74	52.77	54.76	55.58	55.71	56.88	56.82
	特大城市	12.79	13.83	12.11	11.99	12.67	13.61	13.86
	超大城市	7.07	14.22	9.41	8.89	8.82	9.03	9.37

数据来源：中国流动人口动态监测调查数据(2011—2017年)。东部地区包括北京、天津、河北、辽宁、上海、江苏、浙江、福建、山东、广东、海南；中西部地区包括山西、吉林、黑龙江、江西、安徽、湖南、湖北、河南、四川、广西、云南、贵州、内蒙古、陕西、甘肃、青海、宁夏、新疆、重庆、西藏。城市规模按照2014年《国务院关于调整城市规模划分标准的通知》划分。

和中专、大专及以上受教育程度人口占比自2011年到2017年都在17%~30%左右,流入到大城市的不同学历人口每年都维持在43%~55%左右,而流入中等和小城市的不同学历人口基本上每年占15%~25%左右。综合来看,异质性主体流动总体呈现出两个特征:一是尽管个体具有技能异质性,但异质性人口区位选择空间格局却呈现趋同态势,也就是说不同受教育程度的人口在不同区域和不同城市规模的流动格局呈现趋同性,并没有表现出传统劳动经济学、空间经济学所揭示的选择效应;二是不同技能的异质性人口均倾向于流入大城市,并没有显示出之前研究认为的城市分类效应。

为了进一步检验选择分类效应的存在性,以2017年为例,图3-1运用核密度方法刻画了异质性人口在中国城市层

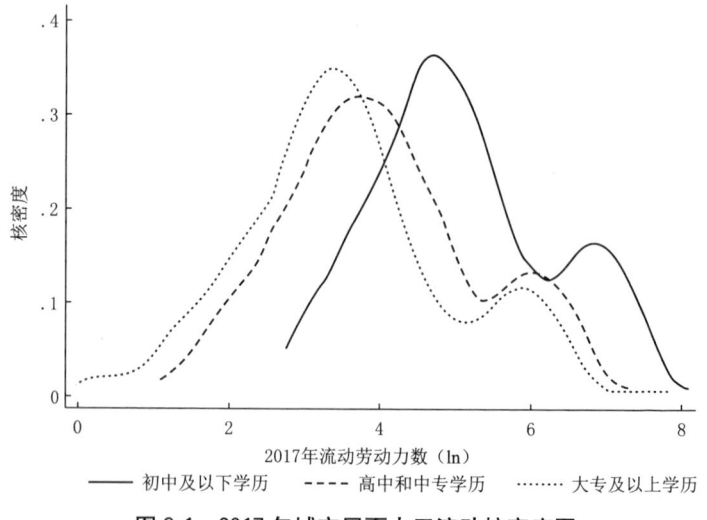

图3-1 2017年城市层面人口流动核密度图

面的流动特征:可以看出,初中及以下、高中和中专、大专及以上受教育程度人口在城市层面流动格局确实呈现趋同性,即呈现"双峰"特征,这意味着不同学历人口都倾向于向城市集聚;从异质性人口类型来看,初中及以下人口核密度图轴线中心偏右,说明从数量上看低技能劳动力依然是目前的流动主体。显然,这样的特征事实与传统劳动经济学及空间经济学的选择分类效应理论预期是相悖的。

难道是选择分类效应的理论机制在中国失灵了吗？其实关于异质性人口的选择分类效应在理论界并未得到一致认同。比如,Lucas(2004)就认为高技能劳动力也需要低技能劳动力提供服务,城市不断提高的生产技术水平会持续增加对低技能或非技能劳动力的需求。Abel & Deitz(2015)研究发现低技能劳动力在大城市的工作搜寻时间更短,比高技能劳动力更迅捷地寻找到适合的工作。Combes等(2015)发现由于低技能劳动力和高技能劳动力的技能互补性,大城市的市场潜能对低技能劳动力仍然具有显著正向效应。梁琦等(2018)综述了当时文献对选择效应和分类效应的研究,指出高技能劳动力与低技能劳动力的技能互补表现为学习交流与知识互补,也表现为专业化分工与服务互补。因此,系统揭示异质性人口空间区位选择机制,科学回答选择分类效应与经验事实分歧问题不仅具有重要的理论意义,也更具现实意义。本章将针对传统劳动经济学、空间经济学所揭示的异质性人口选择分类效应在中国"失灵"之现象,立足人民对美好生活的向往,基于新空间经济学提出决定异质性人口区位选择的地方品质效应,并从生活角度探究"地方品质—异质性人口区位选择"的作用机制①,提出解释异质性人口选择分类效应在中国"失灵"现象的理论框架。

第二节 作用机制分析

事实上,无论是传统劳动经济学理论还是空间经济学理论,多数研究将"人"从生产角度物化为一种要素投入,仅从要素收益——工资收入角度考虑人口空间流动影响机制,忽视了微观主体的"人"的生活需求特性,以及人口所选择区域的特征,因而就无法全面揭示人口空间流动逻辑机制。现实的情况是,随着一个国家经济的持续发展,当收入水平不断提高,一般性物质文化需求已经得到满足时,更好的教育、更高水平的医疗卫生服务、更舒适的居住条件、更丰富的精神文化生活等这些不可贸易服务品将成为影响人口空间流动的重要的决定性因素,这也完全符合中共十九大报告对我国社会主要矛盾转化的战略判断。还需强调的是,与小国经济空间同质性特征明显不同,中国作为典型的大国经济,在地域环境、公共服务、文化生活等方面都存在明显的空间异质性特征。这种人口需求的变化和大国空间

---

① 在本章中,地方品质包括工资收入和公共服务两部分,在理论模型中公共服务又被称为不可贸易服务品。

异质性特征,都要求我们在考量异质性人口区位选择机制时必须更加全面系统,除考虑工资收入因素外,还应将人的生活需求维度和区域地方特征纳入分析框架。从这个角度讲,现有理论无法解释异质性人口区位选择的客观现实有其必然性,也就需要新的空间经济视角来解释这一现象。

从理论研究看,关于从人的生活需求特性出发探讨人口区位的研究已经取得了显著进展。从早期 Tiebout(1956)提出政府可以通过提供不同组合的公共服务影响人口空间区位,到 Rosen(1979)和 Roback(1982)提出便利设施(amenity)影响人口区位选择,再到 21 世纪以来学者们提出吸引与集聚人口不仅要靠经济性因素,还应包括城市所能提供的文化艺术实践及受该群体欢迎的生活方式等(Glaeser, 2001;Florida, 2002;Clark, 2002)。这些研究从人的生活需求的不同角度揭示了人口空间流动的理论机制,为科学把握人口区位规律做出了有益探索,但也有一定局限性:(1)大多研究是基于单区域局部均衡的描述性定性研究,并没有基于一般均衡框架开展多区域研究,更没有建立完整的分析解释性理论模型;(2)多数研究仅考虑影响人口空间区位的单一机制,但在现实中,人口区位往往受多重机制协同作用,并且未能考虑人口技能异质性和偏好异质性,这不仅降低了解释力,也缺乏现实性。鉴于此,我国学者提出新空间经济学并构建了理论框架(杨开忠,2019)。其核心观点是人口区位内生于地方品质效应,异质性人口进行区位选择时更加注重生活消费角度的不可贸易服务品数量、多样性、质量及其可及性和生活收入角度的以城市生产率水平为代表的地方品质(杨开忠等,2021)。具体而言,地方品质效应包含生活收入和生活消费两个角度:从生活收入角度看,不同城市具有不同的生产率水平,这种差异化生产率水平会导致工资溢价现象出现,人口总是趋向于选择工资溢价更高的区域(王伟同等,2019);从生活消费角度看,个体基于其异质性需求偏好和技能差异,将区域内在的生态环境、教育、医疗、文化等不可贸易服务品数量、多样性、质量及其可及性作为核心区位因子(杨开忠,2019),这也是公共服务的具体表现。为更加清晰地比较新空间经济学与传统经济学理论的不同,本研究整理了三种经济学理论范式对异质性人口区位选择机理分析的核心观点(表3-2)。可以看出,新空间经济学理论能够为解释异质性人口区位问题提供一个多维度综合视角。

现实中,众多经验事实也印证了地方品质效应对人口空间流动的影响。从消费角度的不可贸易服务品(公共服务)方面来看,一是大量研究证实了生态环境对人口空间流动的影响,如罗勇根等(2019)发现各城市的空气污染和环境质量会对人力资本流动产生显著影响,城市环境质量的改善利于吸引高层次劳动力的入驻。二是教育医疗等公共服务显著影响劳动力流动,侯慧丽(2016)发现城市公共服务对流动人口具有吸引力,且城市规模越大流动人口居留意愿也越强;杨晓军(2017)利用我国2006—2014年的城市数据发现城市医疗服务和文化服务对人口流入城市影响显

表 3-2 选择分类效应 VS 地方品质效应

范式	名称	核心理论观点	代表文献
劳动经济学范式	选择效应	根据自身技能水平和受教育程度进行区位选择,高技能劳动力倾向于流入技能回报高的区域,低技能劳动力流入技能回报低的区域	Roy(1951)、Borgas(1987)、Grogger & Hanson(2011)
	分类效应	技能回报高的区域高技能流动劳动力占比较高,技能回报低的区域低技能流动劳动力占比较高	
空间经济学范式	选择效应	劳动力倾向于选择与自身技能相匹配的区域,技能水平高的劳动力流动到经济密度高的区域,技能水平低的劳动力流动到经济密度低的区域	Venables 等(2011)、Combes 等(2012)
	分类效应	大城市的平均劳动力技能水平较高,中小城市的平均劳动力技能水平相对较低	Behrens 等(2011,2014)
新空间经济学范式	地方品质效应	生活收入角度,城市生产率水平(工资溢价)是影响异质性劳动力区位的关键因素;生活消费角度,区域不可贸易服务品的数量、多样性、质量和可及性是影响异质性劳动力区位的关键因素。城市规模经济是集聚力,规模不经济是分散力,技能差异并不是决定异质性劳动力区位的"标尺"	杨开忠(2019)

注:作者根据已有文献研究整理。

著;李一花等(2017)利用我国 2005—2013 年的城市数据发现教育、医疗等公共服务品供给对人口迁移有显著促进作用;Diamond(2016)提出了一套反映公共服务舒适度的衡量指标,刘修岩和李松林(2017)、赵方和袁超文(2017)遵循了他的做法,选取反映生态环境、医疗教育卫生和气候条件等各类指标进行了细化研究。三是区间和区内的交通成本或通勤成本是影响人们获得公共服务品便捷性的决定性因素，同时是影响劳动力迁移的重要因素。例如，Garcia-López 等(2013)利用西班牙 1991—2011 年的数据发现每条辐射高速公路造成中心城市人口减少了 5%；Shilpi 等(2014)利用尼泊尔 2010 年的数据发现公共基础设施影响人口迁移；杜旻和刘长全(2014)实证发现人均道路长度每增长 1%，城市人口相应增长 0.015%。从收入角度的城市生产率水平方面来看，城市生产率在空间上具有异质性，进而导致工资溢价的普遍性(Glaeser & Mare, 2001)。Melo 等(2009)发现大城市的工人生产力更高，且生产率与城市人口规模之间的弹性高达 5%。Roca & Puga(2017)通过西班牙的数据实证发现工人进入大城市后获得了静态溢价从而有更高的收入。杨振宇和张程(2017)发现中西部劳动力迁往东部相比区域内部流动会使薪资水平提高约 30%。

综上所述，本章将基于新空间经济学理论，通过综合引入不可贸易服务品数量质量及其可及性、城市生产率水平、城市规模经济构建空间一般均衡模型，分析地方品质对异质性人口区位的影响作用，借助经验数据从全国层面、区域层面和不同城市规模层面验证理论观点，并揭示地方品质对不同技能人口的异质性作用。本章可能的边际贡献在于：一是以人的生活为出发点，将地方品质引入异质性人口区位决策机制研究，提供了一个地方品质驱动的异质性人口区位选择理论框架，整合并发展了传统劳动经济学和空间经济学理论关于这一问题的分析机制，较好地解释了我国异质性人口城市层面流动格局趋同的现象;二是利用连续年份微观数据特征,精确刻画了异质性人口流动特征,有助于科学把握人口区位选择;三是从生活收入和生活消费两个角度综合探讨地方品质影响异质性人口区位的内在非线性影响机制,能够为优化人口空间配置提供政策参考。

第三节 理论模型

借鉴已有研究,假设整个封闭经济体由 N 个城市构成一个连续性分割:(R_1…,R_N);两部门分别为产品生产部门(T)和公共服务部门(NT)[①];产品生产部门生产可贸易产品,公共服务部门提供不可贸易服务品,城市 r 的公共服务部门不可贸易服务品种类为 n_r;三种生产要素分别为生产部门劳动力(N)、公共服务部门劳动力(L)和物质资本(K);生产部门劳动力可在城市之间自由流动,公共服务部门劳动力在城市之间不可自由流动[②];生产部门劳动力具有技能异质性和

[①] 这里的生产部门主要包括第二产业和第三产业中非公共服务部门,具有可贸易特征;公共服务部门主要包括第三产业中由政府主导提供诸如教育、医疗、环境、安全等各类服务的部门,具有不可贸易特征(Officer, 1976; Kovacs & Simon, 1998; Halpern & Wyplosz, 2001 等)。

[②] 根据我国第五次、第六次全国人口普查数据,我国人口流动以务工经商为主,占流动人口的一半以上;因从事公共服务部门的工作调动的人口仅占流动人口的 3% 左右,分配录用占 1% 左右。尽管公共服务部门劳动力在区域之间的流动通道普遍存在,但由于我国公共服务部门编制因素,能够通过招考及时补给,故而假设区域内总量不变,亦以不可流动来假设。

城市选择偏好异质性[①];城市 r 的公共服务部门劳动力禀赋为 L_r,流动性劳动力总资源禀赋为 $\bar{N}=\sum_{r=1}^{R}N_{r,t-1}$,区域 r 的禀赋为 N_r。

一、消费者偏好

消费者效用函数用柯布—道格拉斯型效用函数表示,设定为一个包含可贸易产品消费量(C_T)、不可贸易服务品消费量(C_{NT})的效用函数。由于公共服务部门提供多样化不可贸易服务品,故采用 CES 效用函数。城市 r 消费者效用函数表达为:

$$U_r = (C_{Tr})^{\mu_T}(C_{NTr})^{1-\mu_T} \quad C_{NTr} = \left(q_r\int_{i=0}^{n_r}c_{NTri}^{\rho}di\right)^{1/\rho} \quad (3-1)$$

其中,μ_T、$1-\mu_T$ 分别表示可贸易品和不可贸易服务品支出份额;q_r 表示城市 r 不可贸易服务品质量;c_{NTri} 为消费者对第 i 种不可贸易服务品消费量;σ 表示不可贸易服务品间替代弹性,满足 $\rho=\sigma/(\sigma-1)$,$\sigma>1$。区域 r 技能为 i 的异质性劳动力收入预算约束为:

$$P_{Tr}C_{Tr} + P_{NTr}C_{NTr} = w_{ir} \quad (3-2)$$

其中,w_{ir} 表示城市 r 技能为 i 劳动力收入水平;P_{Tr} 为可贸

---

① 由于生产部门劳动力是流动主体,本研究只考虑了流动劳动力的异质性;现实中公共服务部门劳动力也具有异质性,特别是教育、医疗等领域技能异质性明显,但是由于多部门劳动力异质性模型过于复杂,这里将其异质性体现在不可贸易品质量上面,这样的假设并不影响可贸易品部门异质性劳动力区位选择机制。

易品价格；P_{NTr}为不可贸易服务品价格指数。

二、产品部门生产

假设产品生产部门每个企业雇佣一单位异质性劳动力并利用若干单位资本生产一种差异化可贸易品,劳动力技能水平决定其收入水平。这里假设异质性劳动力技能水平服从帕累托分布函数：$G[a]=a^k/a_0^k$,满足 $1=a_0 \geqslant a \geqslant 0$,$\rho \geqslant 1$。其中,$k$ 表示异质性形状参数,a 表示异质性劳动力技能水平,显然 a 越小表示人力资本 i 的生产效率越高,a_0 表示最低技能水平。这样,产品部门成本函数为：

$$Y_{Tr}=f(N,K)=N_r+\frac{a_i}{A_r}K \qquad (3-3)$$

其中,A_r 表示地方品质效应中生活收入维度的城市生产率水平,刻画相同技能劳动力在不同城市的收入区域异质性。为了计算方便,假设可贸易产品不存在空间成本①。根据整个经济系统可贸易品市场出清条件,可得到技术水平为 a_i 的异质性劳动力 i 的收入为：

$$w_{ir}=A_r a_i^{1-\sigma}\mu E^w/\sigma\gamma N \qquad (3-4)$$

其中,$\gamma=k/(1-\sigma+k)>0$。可见,异质性劳动力收入由城市生产率水平和劳动力技能共同决定,不考虑城市生产率

---

① 这主要是因为随着物流和互联网的发展,运输成本对产品空间壁垒作用已经很小,消费者基本可以在任何城市便捷地消费可贸易品。当然,如果考虑可贸易品运输成本时,研究结论并不会改变。

水平时相同技能(人力资本)水平的异质性劳动力在任意区域都具有相同的收入水平。

三、公共服务部门供给

假设公共服务部门以规模报酬递增为特征,每个区域都由本地非流动劳动力和资本来提供不可贸易服务品,即生产不可贸易服务品需要 F 单位劳动力作为固定成本,a_r 单位资本作为可变成本。与生产部门不同的是,公共服务部门产品在区域内部及区域之间不可直接贸易,获得公共服务部门服务品需要支付额外便捷性成本和旅行成本①。例如,r 区域消费者消费一单位不可贸易品需要支付 τ_{rr} ($\tau_{rr} \geqslant 1$)倍价格,消费者面临的价格为 $\tau_{rr}\bar{p}_{NTr}$。对于公共服务部门而言,通过均衡分析,r 城市不可贸易服务品价格指数具有如下形式:

$$P_{NTr} = \left[\phi_{rr} n_r q_r^\sigma (\bar{p}_{NT,r})^{1-\sigma}\right]^{1/(1-\sigma)} \qquad (3\text{-}5)$$

四、异质性劳动力区位选择

异质性劳动力区位选择是地方品质和城市规模经济共同作用的结果。根据理论设定,地方品质总效应为 $LQ_r =$

---

① 虽然地方不可贸易品在区域之间不可贸易,但是消费者可以选择跨区域进行不可贸易品的消费。这里,不可贸易品部门在区内消费需要支付便捷性成本,在区际之间消费需要支付可达性成本,可以理解为旅行成本,也可以理解为消费不可贸易品所要花费的时间成本。值得说明的是,本研究实证部分仅考虑了不可贸易区内消费情形。

第三章 公共服务与人口区位:异质性视角

$A_r P_{NTr}$,即地方品质效应是不可贸易服务品数量、质量及其消费便捷性以及城市生产率水平的综合表征。城市规模经济是城市集聚效应与拥挤效应共同作用的结果。这里考虑城市具有外部集聚经济作用,外部效应体现为不同技能劳动力匹配与技能互补;同时城市规模增长过程中城市生活成本也随之增长,即存在生活成本效应。这样城市规模经济效应为 $f(P_r) = (P_r^{\theta-\lambda})$。其中,$P_r$ 为城市人口规模,θ 反映外部规模经济程度,λ 为外部规模不经济程度。

下面以 r 城市技能为 i 的劳动力为例分析异质性劳动力空间区位问题。由于每个异质性劳动力选择城市的原因存在差异,假设这种异质性服从 Fréchet 分布 $P[\varepsilon_j \leqslant z] = e^{-z^{-1/\Psi}}$。通过空间均衡分析,可得区域异质性劳动力区位决定方程如下:

$$N_r = \left(\frac{\overline{U}}{\Gamma(1-\Psi)}\right)^{-1/\Psi} (\Theta A_r / f(P_r) \\ ((\phi_{rr} n_r q_r^\sigma (\overline{p}_{NT,r})^{1-\sigma})^{1/(1-\sigma)})^{1-\mu_T} e^{X_r})^{1/\Psi} \overline{N} \quad (3\text{-}6)$$

其中,$\Theta = (\mu_T)^\mu (1-\mu_T)^{1-\mu}$,$\Gamma(\cdot)$ 为伽马函数。式(3-6)描述了异质性劳动力空间重配的均衡状态。可以看出,异质性劳动力区位由代表区域内在地方品质的不可贸易服务品数量(种类)n_r、质量 q_r、消费便捷性 ϕ_{rr}、城市生产率水平 $\overline{A}_r$ 以及城市人口规模 P_r 等因素共同决定。满足:

$$\frac{dN_r}{dA_r} > 0, \frac{dN_r}{dP_r} > \text{or} < 0, \frac{dN_r}{d\phi_{rr}} > 0, \\ \frac{dN_r}{dn_r} > 0, \frac{dN_r}{dq_r} > 0 \quad (3\text{-}7)$$

第四节 实证检验

一、计量模型

根据上述分析,地方品质生活消费维度不可贸易服务品数量、质量及其消费便捷性,地方品质生活收入维度城市生产率水平及城市规模,对异质性人口区位具有重要影响作用。由于人力资源空间重配具有非负整数性质,泊松模型①被证实更加符合人口迁移实际。但是泊松模型的前提是因变量的方差与平均值相等,而本章异质性人口流动数据零值较少且分布比较离散,因此可能要放宽因变量方差与平均值相等的条件,采用负二项回归模型②。理论模型部分异质性人口空间区位分布也是基于泊松—伽马(Poisson-Gamma)分布③假设,因此假设异质性人口流动人数 N_{rs} 满足泊松—伽马混合分布:

$$\Pr(N_{rs}) = \frac{\Gamma(N_{rs} + \alpha^{-1})}{N_{rs}! \ \Gamma(\alpha^{-1})} \left(\frac{\alpha^{-1}}{\alpha^{-1} + \mu_{ij}}\right)^{\alpha^{-1}} \left(\frac{\mu_{ij}}{\alpha^{-1} + \mu_{ij}}\right)^{N_{rs}} \quad (3-8)$$

式中,Γ 为标准的伽马分布函数;α 为过度离散系数,α 的数

---

① 泊松模型(Poisson model)是因变量服从泊松分布的计数模型。
② 对于某些计数资料,当其服从的 Poisson 分布强度参数 λ 服从 γ 分布时,所得到的复合分布即为负二项分布,又称为 γ-Poisson 分布(gamma-Poisson distribution)。当计数因变量服从负二项分布时,可采用负二项回归进行回归分析,其参数估计、假设检验与 Poisson 回归相似。
③ 泊松—伽马分布,分布参数 A 服从伽马分布的复合泊松分布。

值越大,离散水平越高,当 $\alpha=0$,即不存在过度离散时,负二项模型退化为泊松模型。结合理论模型,设定负二项回归模型为:

$$E(N|LQ_{i,t-1}, CON_{i,t}) = \exp(\alpha_0 + \alpha_1 LQ_{i,t-1} + \alpha_2 CON_{i,t} + \nu_t + \varepsilon_{it}) \quad (3-9)$$

式中,下标 i 和 t 分别表示城市和年份;N、LQ 和 CON 分别表示被解释变量、核心解释变量和相关控制变量;ν_t 和 ε_{it} 分别表示时间固定效应和模型误差项。

二、变量选取与数据说明

被解释变量(N):关于异质性人口空间流动的衡量,使用国家卫生健康委员会公布的中国流动人口动态监测调查数据(CMDS),该数据在全国31个省(自治区、直辖市)和新疆生产建设兵团流动人口较为集中的流入地开展抽样调查,按照随机抽样原则,采取分层、多阶段、与规模成比例的PPS方法进行抽样,调查结果在全国和各省都具有较好的区域代表性(李丁和郭志刚,2014)。同时 CMDS 数据库涉及人口所在城市和学历等个体特征,能够从微观层面反映出不同人口选择流入的城市。具体借鉴已有研究,将人口按教育程度从高到低分为三组刻画人口异质性(Grogger & Hanson,2011),即初中及以下学历、高中和中专学历以及大专及以上学历人口。为了获取不同城市异质性人口流动数量,先将 CMDS 中被调查对象所在城市作为选择城市,然后把历年不同学历被调查对象按其流入城市进行加总,最终得出历年不同城市不同学历人口流入总量。

核心解释变量(LQ):在生活角度不可贸易服务品指标方面,由于不可贸易服务品涉及范畴较广,大多数学者选取教育、医疗、文化、交通和环境领域的指标(李一花等,2015;杨晓军,2017)。为了刻画理论模型中不可贸易服务品组合,特别是不可贸易服务品数量、质量及其消费便捷性特征,这里选取教育、医疗、文化、交通、生态五个维度变量衡量不可贸易服务品,其中交通因素用于衡量不可贸易服务品消费便捷性。现实中不可贸易服务品质量与数量本身难以明确区分界定,一项不可贸易服务指标本身既包括数量也包括质量,加之每个维度细分指标较多且相关性较强,因此在具体变量选择上,侧重选取更能刻画不可贸易服务品质量的代表性指标(杨晓军,2017)。具体而言,教育(EDU)、医疗(HEA)、文化(CUL)、交通(TRA)、生态(ENV)变量依次选取每万人高等学校数、每万人医院卫生院数、每万人公共图书馆藏书、每万人出租汽车数以及每平方公里建成区绿化覆盖面积来表征(描述性统计见表3-3)。考虑到教育、医疗等不可贸易服务品之间可能存在较强相关性,在做相关性分析检验后,运用主成分方法构建不可贸易服务品综合指标(Q)。在生活收入维度城市生产率水平(A)指标方面,这里以在岗职工平均工资作为城市生产率水平的代理变量,为了去除价格变化的影响,利用《中国统计年鉴》中历年的"城市居民消费价格指数"算出按照2010年计的城市居民

表 3-3 不可贸易服务品变量描述性统计

	均值	方差	最小值	最大值	样本量
ln EDU	-4.4036	0.9606	-6.3958	-2.1225	1708
ln HEA	-0.8723	0.5213	-3.0094	1.8431	1708
ln CUL	-0.8400	0.8672	-3.5509	2.8545	1708
ln TRA	-5.2353	1.0240	-8.1665	-2.8420	1708
ln ENV	-5.8121	1.3444	-11.9601	-1.5657	1708

消费价格指数,进而对平均工资数据进行了价格调整。

相关控制变量(CON):关于城市规模以人口密度来衡量,人口密度越大则规模效应也越大,具体人口密度(POP)选取城市建成区人口密度(市辖区年平均人口/建成区面积),且由于城市规模经济可能会存在非线性效应(Au & Henderson,2006),因此加入人口密度二次项。产业结构在一定程度上影响着就业规模,进而影响流动人口的就业机会与发展可能,这里选取第二产业占比来衡量产业结构(IND)。固定资产投资也是影响基本公共服务供给和异质性人口发展机遇的重要因素,故控制固定资产投资(INV)的影响。此外,流动人口的区位选择具有显示偏好机制(Venables & Limao,2002),即流动人口具有"跟风"现象,这种偏好机制会强化人口流动集聚性,故将滞后一期流动人口引入控制变量。

由于部分城市变量存在数据缺失,最后匹配选取 244 个地级市数据,时间跨度为 2011—2017 年。数据来自历年《中国城市统计年鉴》《中国区域经济统计年鉴》和

CMDS 数据库。为保证数据平稳性,部分变量作了对数化处理。为了消除变量间量纲关系,部分变量作了标准化处理,个别缺失数据利用前(后)一年数值插补。此外,为了缓解不可观测变量对结果的影响,参照 Dehaan(2017)、罗勇根等(2019)等做法,在回归中还控制了年份。当然,如果实证结果发现不可贸易服务品与异质性人口流入存在正相关关系,并不能说明不可贸易服务影响了异质性人口流动,也有可能是异质性人口流入导致了不可贸易服务的改善,两者之间存在双向因果关系。为了避免这种双向因果带来的内生性问题,对不可贸易服务相关指标作滞后一期处理(Day,1992;Dahlberg 等,2012;夏怡然和陆铭,2015)。

三、基准回归结果分析

表 3-4 报告了全国层面地方品质对异质性人口区位的影响结果。可以看出不论是生活消费角度的不可贸易服务,还是收入角度的城市生产率水平,对异质性人口区位都具有显著正向影响,且对高技术人口区位影响程度更大。就控制变量而言,全国层面城市规模对异质性人口流入具有负向影响,说明尽管城市规模经济正外部性会使人口受益,但同时带来生活成本、就业机会等各种竞争压力,使得城市规模效应影响总体成负,形成一股分散力量,从而防止城市过度集聚;固定资产投资越大意味着越多的发展机会或者越高的公共服务投资水平,有助于吸引人口流入;第二

表3-4 地方品质对异质性人口区位影响的回归结果(全国)

	初中及以下学历	高中和中专学历	大专及以上学历
	(1)	(2)	(3)
$L.\ln Q$	0.065**	0.084***	0.100***
	(2.42)	(2.74)	(2.70)
$L.\ln N$	0.765***	0.729***	0.650***
	(38.93)	(33.02)	(32.62)
$\ln A$	0.421***	0.392***	0.807***
	(4.00)	(3.53)	(5.88)
$\ln INV$	0.123***	0.189***	0.240***
	(6.04)	(7.29)	(9.31)
$\ln IND$	-0.127*	-0.230***	-0.338***
	(-1.93)	(-3.15)	(-4.23)
$\ln POP$	-0.099***	-0.094**	-0.111**
	(-3.14)	(-2.54)	(-2.44)
$\ln POP^2$	-0.062**	-0.030	-0.078
	(-2.05)	(-0.69)	(-1.54)
_cons	-3.328***	-3.124**	-7.459***
	(-2.84)	(-2.46)	(-4.99)
lnalpha	-1.654***	-1.476***	-1.008***
	(-30.78)	(-25.54)	(-20.25)
N	1411	1411	1411
AIC	16713.9	13859.5	12304.2
BIC	16787.4	13933.1	12377.7
Log-L	-8343.0	-6915.8	-6138.1
Pseudo R^2	0.153	0.168	0.172
时间固定	yes	yes	yes

注:(1) t统计量在括号内;(2) * $p<0.10$, ** $p<0.05$, *** $p<0.01$。

表 3-5 地方品质对异质性人口区位影响的回归结果(分区域)

	东部地区			中西部地区		
	初中及以下学历	高中和中专学历	大专及以上学历	初中及以下学历	高中和中专学历	大专及以上学历
	(1)	(2)	(3)	(4)	(5)	(6)
$L.\ln Q$	0.068	0.094*	0.137**	0.066**	0.093**	0.118**
	(1.43)	(1.86)	(2.26)	(2.07)	(2.52)	(2.47)
$L.\ln N$	0.772***	0.681***	0.586***	0.755***	0.739***	0.647***
	(24.64)	(17.21)	(17.67)	(32.05)	(31.39)	(25.52)
$\ln A$	0.480**	0.736***	0.921***	0.399***	0.295**	0.825***
	(2.56)	(3.45)	(3.67)	(3.10)	(2.34)	(4.58)
$\ln INV$	0.110**	0.189***	0.266***	0.133***	0.208***	0.300***
	(2.53)	(3.00)	(4.97)	(5.91)	(7.61)	(8.96)
$\ln IND$	-0.208*	-0.548***	-0.997***	-0.114	-0.152*	-0.183**
	(-1.83)	(-3.40)	(-6.44)	(-1.49)	(-1.83)	(-2.08)
$\ln POP$	-0.020	-0.025	-0.053	-0.133***	-0.112***	-0.107**
	(-0.37)	(-0.34)	(-0.63)	(-3.86)	(-2.66)	(-2.02)
$\ln POP^2$	0.029	0.145	0.107	-0.080**	-0.041	-0.090
	(0.53)	(1.34)	(1.05)	(-2.12)	(-0.85)	(-1.47)
_cons	-3.560*	-5.348**	-6.083**	-3.171**	-2.578*	-8.621***
	(-1.74)	(-2.37)	(-2.26)	(-2.23)	(-1.76)	(-4.40)
lnalpha	-1.515***	-1.362***	-1.027***	-1.777***	-1.633***	-1.086***
	(-16.36)	(-13.27)	(-12.18)	(-27.68)	(-24.20)	(-17.39)
N	476	476	476	935	935	935
AIC	6029.5	4981.9	4498.7	10666.9	8822.3	7762.6
BIC	6087.8	5040.2	4557.1	10734.7	8890.1	7830.4
LL	-3000.8	-2477.0	-2235.4	-5319.5	-4397.1	-3867.3
Pseudo R^2	0.144	0.163	0.173	0.152	0.170	0.166
时间固定	yes	yes	yes	yes	yes	yes

注:(1) t 统计量在括号内;(2) * $p<0.10$, ** $p<0.05$, *** $p<0.01$。

产业占比与异质性人口流入呈现负向关系,这说明人力资源更多流入到第三产业领域,也暗示着人力资源"脱实向虚"的配置倾向,是一个值得关注的现象;滞后一期的异质性人口流动对当期人口流动的影响也显著为正,说明异质性人口流动确实存在显示偏好机制。

四、区域异质性分析

表3-5报告了不同区域层面地方品质对异质性人口区位的影响结果。可以看出,与全国层面一致,生活消费角度的不可贸易服务和收入角度的城市生产率水平对异质性人口区位都有显著正向作用,只是东部区域的这种影响特征更加明显,学历越高受到的影响程度也越大。城市规模对东部区域异质性人口流入负向作用消失,说明东部区域城市规模经济正外部性会使人口更加受益,能够抵消生活成本等负外部性的影响,这样的结果使得东部区域城市规模更容易扩大;对于其他控制变量,与前文对比发现,系数符号及显著性与表3-4的结果基本一致,且波动较小,这在实证研究中属于可接受的。因此,这里及下文不再赘述。

五、城市规模异质性分析

图3-1的核密度图显示异质性人口在城市层面流动格局呈现"双峰"特征,第二个峰值意味着异质性人口倾向于向少数特(超)大城市集聚,为了揭示地方品质对于这一现象的形成机制,表3-6报告了不同城市规模层面地方品质对

表3-6 地方品质对异质性人口影响的回归结果(分城市规模)

	大城市			特(超)大城市		
	初中及以下学历	高中和中专学历	大专及以上学历	初中及以下学历	高中和中专学历	大专及以上学历
	(1)	(2)	(3)	(4)	(5)	(6)
$L.\ln Q$	0.082**	0.090**	0.099**	0.041	0.133**	0.219***
	(2.27)	(2.19)	(1.98)	(0.79)	(2.22)	(3.03)
$L.\ln N$	0.792***	0.751***	0.664***	0.718***	0.664***	0.615***
	(34.53)	(31.63)	(25.92)	(21.37)	(15.95)	(17.37)
$\ln A$	0.293**	0.400***	0.889***	0.732***	0.481**	0.732***
	(2.39)	(3.04)	(5.02)	(3.72)	(2.27)	(2.94)
$\ln INV$	0.111***	0.140***	0.194***	0.142***	0.227***	0.215***
	(3.77)	(3.86)	(4.43)	(2.91)	(3.76)	(3.68)
$\ln IND$	-0.179*	-0.266***	-0.350***	0.061	0.005	-0.066
	(-1.94)	(-2.72)	(-3.08)	(1.02)	(0.08)	(-0.75)
$\ln POP$	-0.073*	-0.061	-0.119**	-0.077	-0.086	-0.016
	(-1.95)	(-1.35)	(-2.14)	(-1.28)	(-1.32)	(-0.19)
$\ln POP^2$	-0.065*	-0.026	-0.086	-0.110	-0.115	-0.095
	(-1.96)	(-0.51)	(-1.53)	(-1.12)	(-0.98)	(-0.55)
_cons	-1.849	-2.889*	-8.058***	-7.210***	-4.769**	-7.091***
	(-1.37)	(-1.93)	(-4.29)	(-3.37)	(-2.03)	(-2.58)
lnalpha	-1.622***	-1.451***	-0.956***	-1.796***	-1.574***	-1.158***
	(-23.36)	(-21.18)	(-15.70)	(-22.20)	(-16.80)	(-13.58)
N	839	839	839	517	517	517
AIC	9621.9	7795.0	6857.8	6430.5	5551.2	5004.7
BIC	9688.2	7861.3	6924.1	6490.0	5610.7	5064.2
LL	-4797.0	-3883.5	-3414.9	-3201.3	-2761.6	-2488.4
Pseudo R^2	0.146	0.159	0.153	0.158	0.162	0.171
时间固定	yes	yes	yes	yes	yes	yes

注:(1) t统计量在括号内;(2) * $p<0.10$, ** $p<0.05$, *** $p<0.01$。

异质性人口区位的影响结果。可以看出,对于特(超)大城市而言,生活消费角度的不可贸易服务和收入角度的城市生产率水平对异质性人口区位的正向影响作用均大于大城市,并且学历越高这种影响作用也越明显。同时,城市规模对特(超)大城市异质性人口流入的负向作用也不显著,这样的结果使得特(超)大城市更容易吸引异质性人口,从而形成异质性人口流动的"双峰"特征。

第五节 非线性耦合作用检验

根据以上研究结果,地方品质显著影响异质性人口区位,且消费角度和收入角度的地方品质影响存在明显差异。本部分尝试揭示两者之间可能存在的非线性关系,借助门槛模型分析消费和收入角度地方品质的耦合作用,系统揭示出两者之间的内在互动机理,进一步刻画地方品质对不同技能人口的异质性作用。这里以收入角度的城市生产率水平作为门槛变量,旨在揭示消费角度的不可贸易服务(公共服务)对异质性人口区位的影响规律及其敏感程度。

下面采用 Hansen(2000)提出的门槛回归模型,来研究地方品质对异质性人口区位的非线性作用。设定门槛回归模型如下:

$$\begin{aligned}N_{it}=&\alpha_0+\alpha_1 Q_{it-1}I(A_{it}\leqslant th)\\&+\alpha_2 Q_{it-1}I(A_{it}>th)\\&+\sum\alpha_j X_{it}+\mu_i+\nu_t+\varepsilon_{it}\end{aligned} \quad (3\text{-}10)$$

其中,下标 i 和 t 分别表示城市和年份;N_{it}、Q_{it} 和 X_{it} 分别表示被解释变量、核心解释变量和相关控制变量;μ_i、ν_t 和 ε_{it} 分别表示城市规定效应、时间固定效应和随机扰动项;A_{it} 和 th 则分别表示门槛条件变量和门槛值;$I(\cdot)$ 是示性函数,即 A_{it} 和 th 满足括号内条件时,取值为 1,否则为 0。

在使用面板门槛模型前,首先需要检验是否存在门槛效应,以及确定门槛个数和模型形式。这里利用 Bootstrap 自助法抽样 300 次估计出 P 值。检验发现,大专及以上学历和初中及以下学历两类人口均通过了单门槛、双门槛和三门槛检验,而高中和中专学历的人口仅通过了单门槛和三门槛检验。其中,大专及以上学历的人口三个门槛值分别为 10.517、10.628 和 11.044,高中和中专学历的人口两个门槛值分别为 10.340 和 10.501,初中及其以下学历的人口三个门槛值分别为 10.501、10.668、10.917。结合门槛估计值,可以看到,地方品质对异质性人口区位的影响作用存在复杂的非线性关系,且表现出一定的异质性。

由表 3-7 的门槛估计结果,具体可得到如下结论。(1)从大专及以上学历人口看,消费角度的不可贸易服务品对其区位影响始终显著为正,尽管这种正向作用受到收入角度的城市生产率水平的耦合作用影响而呈现出边际效率递减特征。主要表现在,当城市生产率水平低于 10.517 时,不可贸易服务品的影响作用最大,且通过了 1% 的显著性水平检验;当城市生产率水平介于 10.517 和 10.628 之间时,不可贸易服务品的影响作用会减小,亦在 1% 的显著性条件下

表 3-7 地方品质对异质性人口区位影响的门槛回归结果

变量	大专及以上学历 (1)	高中和中专学历 (2)	初中及以下学历 (3)
$\ln INV$	0.237***	0.099**	0.122***
	(3.68)	(2.07)	(2.81)
$\ln IND$	−0.462***	−0.151	0.030
	(−3.39)	(−1.49)	(0.33)
$L.\ln N$	0.097***	0.088***	0.107***
	(3.69)	(3.42)	(4.11)
$\ln POP$	−0.055	0.042	−0.129*
	(−0.52)	(0.52)	(−1.85)
$\ln POP^2$	0.15	0.111	−0.008
	(1.47)	(1.44)	(−0.12)
$\ln Q\_1$	0.415***	0.173**	−0.018
	(4.67)	(2.27)	(−0.32)
$\ln Q\_2$	0.287***	0.077	−0.123**
	(3.33)	(1.14)	(−2.19)
$\ln Q\_3$	0.209**	−0.024	−0.079
	(2.41)	(−0.38)	(−1.38)
$\ln Q\_4$	0.093	0.029	−0.011
	(1.03)	(0.44)	(−0.18)
Constant	3.527***	3.617***	3.614***
	(5.21)	(7.0)	(7.87)

注:(1) t 统计量在括号内;(2) * $p<0.10$, ** $p<0.05$, *** $p<0.01$;(3) $\ln Q\_1$—$\ln Q\_4$ 为不同门槛区间不可贸易服务品变量的系数。

显著；当城市生产率水平提高到10.628和11.044之间时，不可贸易服务品的影响作用会进一步减小，当城市生产率水平高于11.044时，高技能人口区位选择主要受生产角度地方品质因素决定。这也充分说明地方品质显著影响人口流动，进一步支持了上一章模型所得出的结论。（2）从高中和中专学历人口看，当城市生产率水平低于10.340时，不可贸易服务品的影响作用显著，且通过了5%的显著性水平检验；但当城市生产率水平超过10.340时，不可贸易服务品的影响作用不再显著，这意味着高中和中专学历人口会在生活消费和收入两方面的地方品质之间权衡，只要城市生产率超过特定门槛值，消费角度的不可贸易服务品对其区位影响敏感程度将明显降低。（3）从初中及以下学历人口看，尽管提供了门槛检验，但是不可贸易服务品的影响均未通过显著性检验，这意味着初中及以下学历人口对于收入角度的城市生产率水平极其敏感，在收入和消费两方面的地方品质权衡中，收入角度地方品质对其区位决策起决定作用，也就是收入角度地方品质对生活角度地方品质有一定的替代效应，因为收入角度地方品质直接决定其实际收入水平。而且由于目前部分城市户籍制度限制，他们获取一些不可贸易服务品的可及性还比较低，因此敏感度也就相对较低。

第六节　本章小结

本章立足人民对美好生活的向往，梳理了新空间经济学视角下探究"地方品质—异质性人口区位"影响机制的理论研究,提供了一个地方品质驱动的异质性人口区位选择理论视角,整合并发展了传统劳动经济学和空间经济学理论关于这一问题的理论分析,较好地解释了异质性人口选择分类效应在中国"失灵"现象的原因。统计分析发现:尽管个体具有技能异质性,但个体区位选择都具有地方品质偏好,地方品质是影响异质性人口区位的决定性因素。实证结果也表明,全国层面、东部和中西部区域层面及不同城市规模层面的结果均验证了地方品质效应作用,地方品质效应在东部和特大城市作用更明显,对高技能人口区位影响更大;消费和收入角度地方品质对异质性人口区位具有非线性耦合作用,消费角度的不可贸易服务品(公共服务)对高技能人口区位影响始终显著为正,而对于低技能人口而言在收入和消费不同角度地方品质权衡中收入角度地方品质对其区位决策起决定作用。从而有效揭示了地方品质对不同技能人口的异质性作用。

第四章
公共服务与经济增长：教育投入视角＊

中共二十大报告指出，教育是国之大计、党之大计，要优化区域教育资源配置。与改革开放之初的1978年相比，2020年我国GDP总量已经超过100万亿元人民币，增长275倍；人均GDP达到72000元，增长186倍，可谓创造了经济增长的"中国奇迹"。与此同时，我国教育事业也取得了长足的发展，教育投入逐年递增。据教育部、国家统计局和财政部数据，2020年全国教育经费总投入为53033.87亿元，比上年增长5.69%。其中，国家财政性教育经费为42908.15亿元，比上年增长7.15%，占GDP的比例为4.22%。这是自2012年以后连续第九年做到"不低于4%"。然而，从省级层面来看，我国各省的经济总量存在较大的差异，同时也伴随着教育投入的差异现象。在我国着力推进供给侧结构性改革的宏观背景下，教育投入作为重要的供给要素之一，对区域经济增长兼具乘数效应和外部效应。

＊ 本章内容是在笔者发表的论文《教育投入、时空效应与经济增长——兼论教育投入对经济增长的"效率与公平"作用》（《现代教育管理》2018年第5期）的基础上修改而成。

因此,将时间维度上的效率与空间维度上的公平纳入一个框架中来研究能否兼顾教育投入对经济增长的"效率与公平"作用,就成为一个重要的研究方向。

第一节 引 言

教育是公共服务的重要组成部分,是人力资本形成的重要源泉,也是促进经济增长的关键因素。鉴于此,国内外学者针对教育投入与经济增长之间的关系在理论和实证方面做了大量研究,并且取得了丰富的研究成果。1960年,美国经济学家舒尔茨(Theodore William Schultz)提出的余数分析法计算了教育对国民收入增长的贡献率,开创了教育对经济增长作用实证研究的先河。后来学者相继发展提出了"经济增长因素分析法""干中学模型""知识溢出模型""人力资本溢出模型",等等;随着新经济增长理论的蓬勃发展,Grossman & Helpman(1991)、Brezis等(1993)、巴罗和萨拉-伊-马丁(2010)、Blankenaua & Simpon(2004)等学者都在内生增长理论基础上构建、修正并拓展模型,通过实证研究发现技术进步和人力资本是内生的、持续的、决定性的经济增长因素。21世纪以来,叶茂林等(2003)、刘新荣和占玲芳(2013)、范柏乃和闫伟(2013)等国内学者基于生产函数分析框架探讨教育投入与经济增长的关系,研究表明不同的地区教育对当地经济的贡献率不同。杨逢珉和曹萍(2006)、颜敏(2010)、丁西省(2012)、王利辉等(2013)等学者采用时间序列数据,运用协整检验和格兰杰因果关系检验肯定了教育投入在我国实际经济增长中的贡献。

此外,周胜和刘正良(2013)等学者运用菲尔德模型分析我国教育的溢出效应,发现我国教育投入对非教育部门产生外溢效应。综合已有研究可以发现,国内外学者就教育投入与区域经济增长关系研究得出了一系列不同的结论。这些研究除了模型选择、方法使用和研究范围等方面的差异外,在教育投入的影响机制、空间矩阵选择两方面仍有较大改进空间,也鲜有文献将时间动态影响与空间溢出效应同时纳入模型进行研究。因此,如何将时间维度上的增长效应与空间维度上的溢出效应纳入一个统一的框架中,研究教育投入对经济增长的影响就成为一个重要课题。本章综合考虑增长效应与溢出效应,在厘清影响机制的基础上,通过构建空间动态面板杜宾模型,考察了教育投入对经济增长在时间维度上的长短期增长效应和空间维度上的溢出效应,力争为教育投入对我国省级层面经济增长时空效应研究提供一种路径。

第二节 理论模型

考虑到经济增长模型一般以柯布—道格拉斯生产函数(以下简称C-D生产函数)为基准,本节将在传统的C-D生产函数的基础上根据内生增长理论进行修改,构建一个具有时空效应特征的新的区域经济增长模型来分析教育投入对经济增长的影响。函数构建如下：

$$Y = AK^{\beta_1} L^{\beta_2} T^{\beta_3} I^{\beta_4} E^{\beta_5} \quad (4-1)$$

其中：Y 为区域的经济总产出（表示经济增长），K 为资本投入，L 为劳动力投入，T 为对外贸易，I 为创新投入，E 为教育投入；β_1、β_2、β_3、β_4、β_5 分别表示五个自变量的产出弹性。取对数后得到如下计量模型：

$$\ln Y = \beta_0 + \beta_1 \ln K + \beta_2 \ln L + \beta_3 \ln T + \beta_4 \ln I + \beta_5 \ln E \quad (4-2)$$

从教育投入影响经济增长的机制来讲，一方面，教育投入作为一种公共资本投入（流量），可以通过"乘数效应"来直接拉动经济；另一方面，教育作为公共事业，具有典型的外部性特征，教育投入会影响区域技术进步与技术溢出，进而引致空间溢出效应。而要同时表征上述影响机制，新近发展的空间动态面板模型无疑是最佳选择。空间动态面板模型将被解释变量的一阶（或多阶）滞后项作为解释变量纳入模型中，主要包括三个模型（吉丹俊，2015）：

空间动态面板滞后模型：

$$Y_t = \tau Y_{t-1} + \delta W Y_t + \alpha X_t + \mu，其中 \mu \sim N(0, \sigma^2 I_n) \quad (4-3)$$

空间动态面板误差模型：

$$Y_t = \tau Y_{t-1} + \alpha X_t + \varepsilon_t，其中 \varepsilon \sim N(0, \sigma^2 I_n) \quad (4-4)$$

空间动态面板杜宾模型：

$$Y_t = \tau Y_{t-1} + \delta W Y_t + \eta W Y_{t-1} + \alpha X_t + \beta W X_t + \mu + \varepsilon_t \quad (4-5)$$

其中，Y_t 为被解释变量，X_t 为解释变量，α、β 为变量系数，ε 为误差因素，W 为空间权重矩阵，τ 为滞后项系数，δ 为空间滞后项系数，η 为因变量滞后项的空间滞后系数，μ 为随机误差，WX_t 表示自变量的空间滞后项。空间动态面板杜宾模型也可以分析出解释变量对被解释变量的短期效应和长期效应。在特定时点上，从空间单位 1 到空间单位 N 的 X 中的第 κ 个解释变量对应的 Y 期望值的偏导数矩阵为：

$$\left[\frac{\partial E(Y)}{\partial x_{1k}} \cdots \frac{\partial E(Y)}{\partial x_{Nk}}\right] = (1-\delta W)^{-1}[\alpha_k I_n + \beta_k W] \quad (4\text{-}6)$$

式 4-6 表示一个特定空间单位中的特定解释变量发生一个单位的变化在短期内对其他所有空间单位的被解释变量的效应。同样，长期效应可以表示为：

$$\left[\frac{\partial E(Y)}{\partial x_{1k}} \cdots \frac{\partial E(Y)}{\partial x_{Nk}}\right] = [(1-\tau)I - (\delta+\eta)W]^{-1}[\alpha_k I_n + \beta_k W]$$

$$(4\text{-}7)$$

式 4-7 表示一个特定空间单位中的特定解释变量发生一个单位的变化在长期内对其他所有空间单位的被解释变量的效应，使用 Lesage 和 Pace 的方法可以进一步分解计算出直接效应和间接效应（Lesage & Pace, 2009）。

第三节 实证分析

本研究以中国省级行政单位为研究对象（港澳台除外），数据源于《中国统计年鉴》（2001—2016 年）、《中国教育统计年鉴》(2001—2016年)及相关省(自治区、直辖市)的统计年鉴。

一、我国省级层面经济增长的空间相关性

首先采用 Global Moran's I 来检验省级层面 GDP 是否存在空间的相关性。Global Moran's I 为(Anselin,1988):

$$Moran's\ I = \frac{n}{\sum_{i=1}^{n}(y_i-\bar{y})^2} \frac{\sum_{i=1}^{n}\sum_{j=1}^{n}w_{ij}(y_i-\bar{y})(y_j-\bar{y})}{\sum_{i=1}^{n}\sum_{j=1}^{n}w_{ij}} \quad (4-8)$$

式 4-8 中,y_i 表示第 i 地区的观测值。n 为地区总数。w_{ij} 为空间权重矩阵,为了能够更加客观地反映空间经济联系程度,构建空间经济联系矩阵 w_{ij},当 $i \neq j$ 时,$w_{ij} = Q_{ij}/d_{ij}$(Q_{ij} 为各省之间货物铁路运输量,d_{ij} 为各省之间的空间距离);当 $i = j$ 时,$w_{ij} = 0$。通过分析,不论是空间邻接矩阵还是空间联系矩阵,各年统计值均在 1% 的显著性水平下显著,这表明我国各省 GDP 呈现全局空间正相关。

二、变量选取与模型设定

在上述研究的基础上,设计具体变量如下。(1)经济增长水平(Y),以 GDP 表示经济发展水平,并作不变价处理,作为因变量。(2)资本投入(K),采用资本存量来表征资本投入,参考张军等(2004)的方法估算出 2000 年的资本存量后运用永续盘存法按不变价格计算出省级层面的资本存量。(3)劳动投入(L),劳动力是经济发展的人力保障,包括数量和质量两个方面,但考虑到数据的可得性和教育投入

变量的引入,使用从业人数来表征劳动投入。(4)进出口总额(T),将进出口总额作为控制变量引入。(5)创新投入(I),科学技术是第一生产力,研究与试验发展(R&D)经费支出可衡量一个区域的技术创新投入,这里分别选择高校研究与试验发展经费内部支出和除去高校的其他研究与试验发展经费内部支出表征创新投入,分别记作 I_1 和 I_2。(6)教育投入(E),一方面,教育投入除了金钱方面的投入,还应该包括教职工、学校基础建设等人力和物力的投入,教育经费投入和六岁及以上人口平均教育年限指标基本能从侧面反映出教育的人力和物力投入;另一方面,考虑到教育投入对经济增长的乘数效应和溢出效应,选择教育经费投入和六岁及以上人口平均受教育年限也能反映出两个效应。

综合考虑上述因素,选用教育经费投入和六岁及以上人口平均受教育年限两个指标表征教育投入,分别记作 E_1 和 E_2。

基于上述变量设定构建如下空间动态面板杜宾模型:

$$\begin{aligned}
\ln Y_{it} = &\tau Y_{it-1} + \delta \sum_{j=1}^{N} w_{ij} \ln Y_{jt} + \eta \sum_{j=1}^{N} w_{ij} \ln Y_{jt-1} \\
&+ \alpha_1 \ln K_{it} + \alpha_2 \ln L_{it} + \alpha_3 \ln T_{it} + \alpha_4 \ln I_{1it} \\
&+ \alpha_5 \ln I_{2it} + \alpha_6 \ln E_{1it} + \alpha_7 \ln E_{2it} \\
&+ \beta_1 \sum_{j=1}^{N} w_{ij} \ln Y_{jt} + \beta_2 \sum_{j=1}^{N} w_{ij} \ln L_{jt} \\
&+ \beta_3 \sum_{j=1}^{N} w_{ij} \ln T_{jt} + \beta_4 \sum_{j=1}^{N} w_{ij} \ln I_{1jt} \\
&+ \beta_5 \sum_{j=1}^{N} w_{ij} \ln I_{2jt} + \beta_6 \sum_{j=1}^{N} w_{ij} \ln E_{1jt} \\
&+ \beta_7 \sum_{j=1}^{N} w_{ij} \ln E_{2jt} + \mu_t + \varepsilon_t
\end{aligned} \tag{4-9}$$

接着,基于Elhorst等(2013)和Lee等(2010)的方法对4-9式进行模型检验。第一步,构建LM和稳健LM统计量,进行空间自相关性检验,检验结果均在1%显著性水平下拒绝了原假设;第二步,用Wald统计量和LR统计量来检验空间杜宾模型能否简化为空间滞后模型或空间误差模型,检验结果表明可以选择空间杜宾模型进行分析。

三、实证检验与结果分析

为了对比分析,分别给出了传统OLS模型、基于联系矩阵的空间静态面板杜宾模型、基于邻接矩阵的空间动态面板杜宾模型、基于联系矩阵的空间动态面板杜宾模型回归结果(见表4-1)。

与OLS模型相比较,空间杜宾模型各解释变量显著性基本不变,但OLS模型因未考虑空间因素而存在系数高估现象;与空间静态面板杜宾模型相比较,空间动态面板杜宾模型的拟合优度均有所提高,且可以同时分析短期效应和长期效应;基于邻接矩阵的空间动态面板杜宾模型空间滞后项没有通过显著性检验,这也说明了构建的空间联系矩阵能够更加真实地反映教育投入的溢出效应。下面着重以基于联系矩阵的空间动态面板杜宾模型回归结果进行分析。可以看出,被解释变量的时间滞后项在1%水平下显著,被解释变量的空间滞后项在1%水平下显著,被解释变量的空间滞后项不显著,表明本地区当年经济增长受上一年本地区经济增长和当年周边地区经济增长影响较大,但

表 4-1　空间动态面板杜宾模型估计结果(一)

变量	传统OLS模型	空间静态面板杜宾模型(联系矩阵)	空间动态面板杜宾模型(邻接矩阵)	空间动态面板杜宾模型(联系矩阵)
Y_{t-1}			0.394***	0.310***
$W*Y_{t-1}$			0.128	-0.036
$\ln K$	0.449***	0.255***	0.071***	0.091***
$\ln L$	0.248***	0.119***	-0.005	0.023
$\ln T$	0.119***	-0.018	0.012**	0.019***
$\ln I_1$	0.002	0.007	0.001	0.003
$\ln I_2$	0.015	0.006	-0.021***	-0.024***
$\ln E_1$	0.222***	0.254***	0.030*	0.055***
$\ln E_2$	0.039***	0.061***	0.002	0.011*
$W*\ln K$		0.334**	-0.048	0.292***
$W*\ln L$		0.601**	0.052	0.213
$W*\ln T$		0.533***	0.083***	0.281***
$W*\ln I_1$		-0.190***	0.002	0.046
$W*\ln I_2$		-0.384***	-0.022	-0.153***
$W*\ln IE_1$		0.201	0.017	0.267**
$W*\ln IE_2$		0.194**	0.028	0.112*
$W*Y_1$		-0.885***	0.053	0.657***
constant	-2.703**			
sigma^2		0.002***	0.000***	0.000***
R-squared	0.990	0.967	0.989	0.992
Log L		-9391	-1773	-9391

注：* $p<0.10$，** $p<0.05$，*** $p<0.01$。

受上一年周边地区经济增长影响不大;资本投入、进出口总额、教育经费投入、六岁及以上人口平均受教育年限的回归系数均为正,且均有效通过了10%水平的显著性检验,表明资本投入、对外贸易、教育投入与省级层面经济增长正相关。其中,教育经费投入、六岁及以上人口平均受教育年限对经济增长的影响系数分别为0.055、0.011,这说明提升我国教育投入效益的空间仍然很大。从溢出效应角度分析,周边地区资本存量对本地区经济增长的影响系数为0.292,且在1%水平下显著,这在一定程度上说明周边地区资本存量具有扩散带动效应;周边地区劳动力对本地区经济增长的影响并不显著;周边地区进出口对本地区经济增长的影响系数为0.281,且在1%水平下显著,即外贸对周边地区经济增长具有协同拉动效应;周边地区教育经费投入、六岁及以上人口平均受教育年限对本地区经济增长的影响系数分别为0.267、0.112,且均在5%水平下显著,这表明教育投入不仅对于本地区经济增长具有直接的推动作用,还会对周边区域经济增长产生正向溢出效应,存在区域协同发展现象。

进一步分析解释变量的长期效应和短期效应,结果显示(见表4-2),资本投入、进出口总额、教育经费投入、六岁及以上人口平均受教育年限对省级层面经济增长均存在5%的置信水平下显著为正的长期效应和短期效应,且长期效应基本是短期效应的两倍,表明教育投入效益的发挥具有时滞性。

表 4-2　空间动态面板杜宾模型估计结果(二)

变量	短期效应 空间静态面板杜宾模型	短期效应 空间动态面板杜宾模型	长期效应 空间静态面板杜宾模型	长期效应 空间动态面板杜宾模型
$\ln K$		0.235***	0.308***	0.468***
$\ln L$		0.147	0.384***	0.299
$\ln T$		0.185***	0.277***	0.377**
$\ln I_1$		0.030	−0.098***	0.061
$\ln I_2$		−0.111***	−0.204***	−0.227*
$\ln E_1$		0.194**	0.237***	0.386**
$\ln E_2$		0.074**	0.132***	0.147**

注：* $p<0.10$，** $p<0.05$，*** $p<0.01$。

第四节　本章小结

基于 C-D 生产函数,在厘清教育投入影响经济增长机制的基础上,选取更能反映地区交往程度的联系矩阵,通过构建空间动态面板杜宾模型,实证分析我国教育投入与省级层面经济增长的时空关系。根据实证研究结果,得出以下三个结论。第一,资本投入、对外贸易、教育经费投入、六岁及以上人口平均受教育年限都是促进经济增长的重要因素,且教育经费的效益提升和人力资本开发的空间很大,长期效应大于短期效应。第二,教育投入对周边地区经济增长具有正向溢出效应,即存在区域协同发展现象。第三,验证了教育投入对区域经济增长具有明显的乘数性和外部性作用,教育投入对经济增长的"效率与公平"作用能够兼顾。

　　基于上述结论提出以下建议。一是要充分认识到教育投入对我国经济增长的重要性,始终贯彻实施"科教兴国"的战略无疑是我国发展的必然选择,并将教育投入作为供给侧结构性改革的一个重要方面予以重视。二是着力改变目前我国教育投入不均衡的现状是当务之急,适度增加教育支出、优化城乡教育支出结构及拓宽教育投融资渠道皆是推动教育合理发展和促进教育与经济协调发展的可行之策,有效破解"效率与公平"难题。三是着力改变经济增长质量不高的现状,积极转变为内涵式经济增长,促进教育发展、加大人力资本投资则是其根本出路。四是提高高等教育水平,以培养创新型人才为核心,且重视"产学研"结合,力争为科研活动输送更多的、高质量的创新型人才,提高我国创新能力。

第五章
公共服务与经济增长:高校创新投入视角*

中共二十大报告指出,要提升科技投入效能,深化财政科技经费分配使用机制改革,激发创新活力。高校作为科技创新的重要阵地和知识传播的主要载体,是国家创新体系的重要组成部分。伴随着我国社会主要矛盾的转化,高校创新方面的不平衡不充分问题也日益凸显。从投入总量看,我国高校 R&D 经费内部支出从 2004 年的 318.1 亿元提高至 2021 年的 2180.5 亿元,增长 5.8 倍有余;R&D 人员全时当量从 2004 年的 21.2 万人年上升至 2021 年的 67.2 万人年,总量增长 2 倍有余。但与此同时,高校 R&D 经费内部支出占 GDP 的比重却从 1.97‰ 变为 1.90‰。从高校类型看,以 2016 年为例,2021 所理工农医类高校 R&D 经费内部支出金额 939.67 亿元,在所有高校中占比达 87.64%,R&D 人员全时当量 26.07 万人年,在所有高校中占比达 72.42%;与之对应的 2199 所人文社科类高校 R&D 经费内部支出占比相对较

---

* 本章是在笔者合作发表的论文《知识溢出、高校创新投入与经济增长——基于包含创新部门的新经济地理增长模型及检验》(《科技管理研究》2018 年第 17 期)的基础上修改而成,感谢合作者的贡献。

小,且依据2003年以来的数据,理工农医类和人文社科类高校R&D经费内部支出比例基本保持恒定趋势。从区域角度看,区域间高校R&D经费内部支出差异较大,以2016年为例,东部地区为705.3亿元,远高于中部地区的202.9亿元和西部地区的164亿元。可以看出,破解新时代高校创新方面的不平衡不充分难题迫在眉睫。从理论上讲,"平衡发展"侧重于空间区域维度,"充分发展"则侧重于时间效率维度。因此,如何解释高校创新投入在空间维度的溢出效应及在时间维度的经济增长效应就成了当前面临的重要问题。

第一节 引 言

高校创新投入的经济增长效应和空间溢出效应问题一直备受青睐,国内外学者侧重运用实证方法从不同角度做了大量研究。一是围绕高校创新投入与经济增长的研究。从投入总量角度,大多研究都发现高校创新投入对经济增长具有正向促进作用,且这种作用具有累积性和长期性(Martin,1998;孙文祥,2005;张海英等,2014)。在结构视角下高校创新投入对经济增长的影响尚未有定论。从研发人员投入和研发经费支出角度,庞文和韩笑(2010)发现两者对经济刺激作用不明显,王晓慧等(2017)也发现两者对经济增长没有起到推动作用;王淑英和秦芳(2015)则发现研发人员投入对创新产出具有正面影响,研发经费支出不存在明显影响。从理工农医类高校和人文社科类高校角度,黄斌等(2016)实证发现两类高校R&D支出对经济增长具有显著的时滞性促进作用。从基础研究、应用研究、试验与发展研究角度,严成樑和龚六堂(2013)发现基础研究更有利于促进我国经济增长;孙伦轩和曹清峰(2014)运用面板计量模型研究发现,三类研究经费支出对经济增长的促进作用依次递减。从东、中、西区域角度,孙伦轩和施晓路(2016)实证发现政府和企业来源的高校R&D对东部地区经济增长的作用都显著为正,在中部地区则政府资金表现显著,而在西部地区则企业资金表现显著;严全治和刘璐(2017)发现高校R&D对经济增长的推动作用存在地区差异性,其程度从高到低依次为东部地区、西部地区和中部地区。二是围绕高校创新投入的空间溢出效应研究。Griliches(1979)发现高校创新投入对区域创新能力具有空间溢出效应;Woodward等(2006)通过构建DM回归和CLM模型实证发现高校R&D具有空间溢出效应;张德茗和谢葆生(2014)基于Griliches-Jaffe知识生产函数,利用省级面板数据实证发现我国理工农医类高校R&D投入存在空间溢出效应;王立平(2015)在Anselin等知识生产函数框架下采用空间误差结构模型,实证发现我国高校R&D存在程度较低的溢出效应;程鹏(2014)运用空间杜宾模型实证研究了我国高校R&D对区域创新能力的溢出效应;陈涛和宗晓华(2017)在Griliches-Jaffe知识生产函数基础上建立固定效应模型,研究发现高校研发对企业技术创新具有显著的知识溢出效应;顾芸和董亚宁(2018)通过实证发现高校基础研究和应用研究支出

第五章 公共服务与经济增长:高校创新投入视角

对经济增长具有正向溢出效应,且不同区域呈现差异性。

综合来看,已有研究或多或少存在局限性,如大多研究要么基于柯布—道格拉斯生产函数进行增长效应分析,要么运用空间计量经济学模型进行溢出效应分析,鲜有文献将时间动态影响与空间溢出效应同时纳入模型进行研究;又如,大多研究要么从宏观尺度进行,要么分区域进行,变量选取大多采用单一指标,由于变量选取、研究尺度等方面的不同导致研究结论存在差异,甚至截然相反。因此,本章的目标是基于经济地理增长理论,将时间维度上的增长效应与空间维度上的溢出效应纳入一个统一框架,在结构视角下从全国和区域层面检验不同类型高校创新投入在空间维度的溢出效应和时间维度的经济增长效应。事实上,伴随着空间集聚机制与内生增长机制理论的完善,学者们陆续提出了考虑时间维度的动态增长效应和空间维度的溢出效应的研究框架。Baldwin(1999)在新经济地理学模型中首次引入资本创造部门建立了CC模型,假设资本创造部门具有完全竞争的市场结构和规模收益不变的特征,每个区域都使用劳动创造资本,并且单位资本的形成都需要耗费a_1单位的劳动力,模型中经济活动空间分布变化的关键在于资本的创造和折旧损耗,虽然模型没有得出集聚与增长相互影响的内生机制,但算是较早一次对经济集聚与增长进行整合的研究。Martin & Ottaviano(1999)在CC模型的基础上,引入创造学习曲线,假设创造单位知识资本的成本随着知识资本的积累而下降,从而把内生经济增长引入新经济地理学模型中,建立了GS模型。GS模型虽然引入了知识溢出效应,但是假定了溢出没有区位差异。Baldwin等(2001)构建的LS模型则进一步考虑了知识溢出区位差异,模型假定$l\in[0,1]$为知识在空间传播的自由度,l越大表示越容易传播,但模型中l是外生给定的。鉴于此,曹骥赟(2007)的KSDIM模型对l进行了内生化拓展,以贸易自由度作为区际经济联系频度的指标,并将其引入资本创造成本和产品生产率,进而实现了知识的溢出效应内生化。董亚宁等(2018)进一步构建了一个运输成本内生化的经济地理增长模型。Hirose & Yamamoto(2005)在Martin & Ottaviano的基础上引入知识区际溢出的非对称性,并且分研发部门对国外和国内两种情形做了理论分析。本章将基于Hirose & Yamamoto构建的知识溢出增长模型,综合考虑创新投入和知识传播的增长效应与溢出效应,在一个统一框架中同时考察创新投入和知识传播对经济增长在时间维度上的增长效应和空间维度上的溢出效应,力争为高校创新投入对经济增长的时空效应研究提供启发。

第二节 理论模型

一、理论假设

假设经济系统中有北部和南部两区域,每个区域均有农业部门、工业部门和知识创新部门,其中农业部门和工业部门分别生产同质产品和多样化产品。北部区域和南部区域生产的产品种类分别为 n 和 n^*,两区域产品种类总和为 $N=n+n^*$,并设定北部和南部两区域增长速度分别为 g 和 g^*。同时,假设北部和南部两区域的知识资本分别为 K 和 K^*,则北部区域所拥有的知识资本份额为 $k=K/(K+K^*)$。设定每个区域的劳动力总量为 $L=1$,且劳动力不能跨区域流动,而两个地区的单位劳动的名义工资 w 相同。

由于每个区域都有吸收另一个区域知识的能力,假设北部区域吸收南部区域知识的能力为 $\varepsilon^*(0 \leqslant \varepsilon^* \leqslant 1)$,亦即南部区域的知识溢出程度;南部区域吸收北部区域知识的能力为 $\varepsilon(0 \leqslant \varepsilon \leqslant 1)$,亦即北部区域的知识溢出程度。北部和南部两区域创造每单位知识资本的劳动力水平系数均为 η,η 越小说明研发劳动力创造知识资本的效率越高。这样,两区域的知识资本创造成本可分别表达为 $v=w\eta/(n+\varepsilon^* n^*)$,$v^*=w\eta/(n^*+\varepsilon n)$。

二、均衡分析

基于上述假设条件,在竞争性均衡条件下,消费者实现效用最大化,企业实现利润最大化,市场完全出清。因此,当两个地区的企业规模相同时,北部区域工业企业的均衡份额表示为 γ。通过长期均衡求解,两区域经济增长速度分别为:

$$g = \frac{2\alpha[\gamma+\varepsilon^*(1-\gamma)]}{\sigma\eta} - \frac{\sigma-\alpha}{\sigma}\rho$$

$$g^* = \frac{2\alpha[\varepsilon\gamma+\varepsilon^*(1-\gamma)]}{\sigma\eta} - \frac{\sigma-\alpha}{\sigma}\rho$$

(5-1)

其中,α 为消费者收入中对组合产品的支出份额,且 $\alpha \in (0,1)$;ρ 为动态时间优先选择率;σ 为两种产品的替代弹性。

进一步,对 ε^*、ε 和 η 求偏导,可得:$\partial g_A/\partial \varepsilon^* \geq 0$,$\partial g_B/\partial \varepsilon \geq 0$,$\partial g_A/\partial \eta \geq 0$,$\partial g_B/\partial \eta \geq 0$。

从理论上看,创新投入和知识溢出是影响经济增长的重要因素,且创新投入和知识溢出对经济增长均具有同向影响作用。这能够为高校创新投入对经济增长的影响研究提供理论依据。

第三节 研究设计

一、模型选择

考虑到本章要探讨高校创新投入对经济增长在时间维度上的动态效应和空间维度上的溢出效应,这里选取空间动态面板杜宾模型,表达式为:

$$Y_{it} = \tau Y_{it-1} + \alpha X_{it} + \beta W X_{it} + \mu_t + \varepsilon_t \quad (5-2)$$

其中:τ 为被解释变量的时间滞后项系数;α 为解释变量的直接影响系数,衡量解释变量对经济增长的影响程度;β 为解释变量的空间滞后项系数,衡量解释变量对经济增长的空间溢出作用;W 为空间权重矩阵。此外,鉴于动态面板数据广义矩估计法能够使用工具变量的方法有效解决被解释变量与解释变量之间的内生性问题,选用广义矩估计法进行模型估计。

二、变量选取

选取 2004—2015 年我国 31 个省(自治区、直辖市)(港

第五章 公共服务与经济增长：高校创新投入视角

澳台除外)相关数据进行实证检验,数据主要来源于《中国科技统计年鉴》(2005—2016年)、《中国统计年鉴》(2005—2016年)和各省(自治区、直辖市)统计年鉴。变量选取如下:(1)经济增长水平作为因变量,以GDP表征。(2)资本投入(K),以资本存量表征,参考张军等(2004)方法计算所得。(3)劳动投入(L),以就业人数表征。(4)高校创新投入(RD),包括资金投入和人员投入。其中,资金投入分为高校基础研究经费内部支出(RD_b)、高校应用研究经费内部支出(RD_a)和高校试验发展经费内部支出(RD_e),人员投入以高校研发全时当量人员为表征,记作RD_p,高校类型可分为理工农医类高校和人文社科类高校。(5)对外贸易是推动我国经济增长的重要因素,故引入进出口总额T作为控制变量。

基于上述变量选取,设定如下计量模型:

$$\begin{aligned}
\ln GDP_{it} = & \tau \ln GDP_{it-1} + \alpha_1 \ln K_{it} + \alpha_2 \ln L_{it} \\
& + \alpha_{31} \ln RD_{bit} + \alpha_{32} \ln RD_{ait} \\
& + \alpha_{33} \ln RD_{eit} + \alpha_{34} \ln RD_{pit} \\
& + \alpha_4 \ln T_{it} + \beta_1 \sum_{j=1}^{N} w_{ij} \ln K_{jt} \\
& + \beta_2 \sum_{j=1}^{N} w_{ij} \ln L_{jt} + \beta_{31} \sum_{j=1}^{N} w_{ij} \ln RD_{bjt} \\
& + \beta_{32} \sum_{j=1}^{N} w_{ij} \ln RD_{ajt} + \beta_{33} \sum_{j=1}^{N} w_{ij} \ln RD_{ejt} \\
& + \beta_{34} \sum_{j=1}^{N} w_{ij} \ln RD_{pjt} + \beta_4 \sum_{j=1}^{N} w_{ij} \ln T_{jt} \\
& + \mu_t + \varepsilon_t
\end{aligned} \quad (5\text{-}3)$$

式中,w_{ij}为空间权重矩阵,这里选取空间邻接矩阵。

第四节 研究结果

基于以上研究设计,下面在结构视角下从全国和区域尺度分别讨论不同类型高校创新投入及其空间溢出对经济增长的影响。

一、基于全国尺度分析

从全国尺度,并按照理工农医类和人文社科类两类分别就高校创新投入对经济增长的直接动态效应与空间溢出效应进行分析。表5-1报告了OLS模型和基于邻接矩阵的空间动态面板杜宾模型回归结果。与OLS模型相比,空间模型的拟合优度均有所提高,变量的系数也基本有所下降,这是由于OLS模型忽视空间溢出效应所致。从检验结果看,空间模型中F值、Wald值和Moran's I值均显著,能够反映模型的空间相关性。从空间动态面板杜宾模型回归结果看,被解释变量的时间滞后项在1%水平下显著,表明经济增长受上期基数影响较大;资本投入、劳动力投入和进出口对经济增长具有正向促进作用,资本投入、劳动力投入对周边区域的溢出效应为负,显示为竞争效应;进出口对周边区域溢出效应为正,具有协同效应。

从总体上看,全国基础研究和应用研究投入的产出弹性系数均显著为正,并对周边区域具有显著的正向溢出效

表5-1 基于系统GMM的空间动态面板杜宾模型估计结果(一)

变量	全国 OLS	全国 邻接矩阵	理工农医类 OLS	理工农医类 邻接矩阵	人文社科类 OLS	人文社科类 邻接矩阵
C	-1.185**	1.176**	-1.168**	0.876	-1.361*	0.558
GDP-1	—	0.562**	—	0.606**	—	0.551**
$\ln K$	0.717**	0.119**	0.721**	0.110**	0.724*	0.160**
$\ln L$	0.229**	0.112*	0.225***	0.125*	0.230**	0.198**
$\ln T$	0.096**	0.027*	0.100*	0.021*	0.100**	0.023*
$\ln RD_b$	0.027**	0.029*	0.008	0.011	0.043**	0.018**
$\ln RD_a$	0.022	0.020**	0.025	0.016*	-0.003	0.013**
$\ln RD_e$	0.017**	-0.001	0.019**	0.000	0.000	0.000
$\ln RD_p$	-0.053**	-0.002	-0.047**	-0.003	-0.013	-0.017**
$W * \ln K$		-0.144**		-0.113**		-0.058*
$W * \ln L$		-0.255**		-0.267**		-0.248**
$W * \ln T$		0.153**		0.154**		0.154**
$W * \ln RD_b$		0.070**		0.047*		0.045**
$W * \ln RD_a$		0.077**		0.069**		0.043**
$W * \ln RD_e$		0.002		-0.002		0.014**
$W * \ln RD_p$		-0.057		-0.014		-0.081***
R-squared	0.992	0.997	0.992	0.997	0.991	0.997
F	6422**	8166**	6411**	7733**	5980***	8686**
Wald		122500**		115998*		130303*
Moran'I		0.289**		0.311**		120.426**
Log L		692.650		683.922		669.315

注:* $p<0.10$,** $p<0.05$,*** $p<0.01$。

应。从理工农医类看,基础研究和应用研究投入的产出弹性系数均显著为正,并且对周边区域具有显著的正向溢出效应,存在较强的扩散带动效应。从人文社科类看,基础研究和应用研究投入对当地经济和周边区域经济增长表现为1%置信水平下正向显著,这也与全国层面基本一致;试验发展研究投入的产出弹性系数显著为正,且对周边区域经济增长产生显著的正向溢出效应,存在较强的扩散带动效应;全时当量人员对周边区域经济增长则产生负向溢出效应,具有吸附制约效应,较之全国和理工农医类呈现出不同影响(见表5-1)。

二、基于区域尺度分析

下面按照理工农医类和人文社科类分别从东、中、西三个区域就高校创新投入对经济增长的动态直接效应和空间溢出效应进行分析,实证结果见表5-2。从检验结果看,F值、Wald值及Moran's I值反映了模型的空间相关性。从空间动态面板杜宾模型回归结果看,被解释变量的时间滞后项在1%水平下均显著,表明经济增长很大程度受上期基数影响;相比而言,资本投入、劳动力投入和进出口对经济增长的直接效应和溢出效应在不同区域存在分化现象。

从理工农医类高校角度来看:在直接效应方面,东部地区三类创新研究经费投入的产出弹性系数均显著为正;西部地区基础研究和应用研究投入的产出弹性系数均在1%置信水平下显著为正;而中部地区仅研发全时当量人员投

表 5-2　基于系统 GMM 的空间动态面板杜宾模型估计结果(二)

变量	理工农医类 东部地区	理工农医类 中部地区	理工农医类 西部地区	人文社科类 东部地区	人文社科类 中部地区	人文社科类 西部地区
C	-1.811*	-4.807	4.66**	-1.112	8.464*	3.844**
GDP-1	0.533**	0.743***	0.625**	0.510**	0.753**	0.788**
$\ln K$	0.141**	-0.068	0.114**	0.166**	0.001	0.005
$\ln L$	0.102	-0.230	-0.071	0.106	-0.170	-0.033
$\ln T$	0.020	0.050*	0.007	0.041**	0.055*	0.014
$\ln RD_b$	0.032*	-0.019	0.025**	-0.003	-0.016	-0.008
$\ln RD_a$	0.027*	0.013	0.029**	-0.008	0.050**	0.019**
$\ln RD_e$	0.009**	0.006	0.002	-0.003*	0.002	0.002*
$\ln RD_p$	0.035	0.074**	-0.031*	0.027**	-0.099*	0.008
$W*\ln K$	-0.139**	-0.100	-0.178**	0.023	0.230**	0.012
$W*\ln L$	0.056	0.602	-0.495**	-0.061	-0.890	-0.558**
$W*\ln T$	0.164*	0.120***	0.152**	0.184**	0.131**	0.112**
$W*\ln RD_b$	0.062*	-0.093	0.090**	0.054**	-0.148***	-0.043
$W*\ln RD_a$	0.026	0.163**	0.068*	0.010	0.017	0.051*
$W*\ln RD_e$	-0.001	0.076**	0.000	0.007	0.004	0.012*
$W*\ln RD_p$	0.013	0.157*	-0.091**	-0.097***	-0.138*	0.023
R-squared	0.998	0.997	0.997	0.998	0.997	0.997
F	3878***	2159***	3080***	3991**	1651**	2723***
Wald	58171**	32399**	46207**	59866**	24767**	40851**
Moran'I	2.488*	0.261**	0.241**	0.096*	0.484**	0.307**
Log L	289.077	208.033	275.428	295.045	194.695	264.974

注：* $p<0.10$，** $p<0.05$，*** $p<0.01$；这里，东部地区包括北京、天津、河北、辽宁、上海、江苏、浙江、福建、山东、广东、海南，中部地区包括山西、吉林、黑龙江、江西、安徽、湖南、湖北、河南，西部地区包括四川、广西、云南、贵州、内蒙古、陕西、甘肃、青海、宁夏、新疆、重庆、西藏。

入的产出弹性系数均在1％置信水平下显著为正。在空间溢出效应方面,东部地区基础研究、西部地区基础研究和应用研究,以及中部地区应用研究、试验发展研究和研发全时当量人员投入都对周边区域经济增长产生显著的正向溢出效应;而中部地区基础研究和西部地区研发全时当量人员投入则产生显著的负向溢出效应。

从人文社科类高校角度来看:在直接效应方面,中部和西部地区应用研究、东部地区研发全时当量人员,以及西部地区试验发展研究投入的产出弹性系数均显著为正。在空间溢出效应方面,东部地区基础研究和试验发展研究,以及西部地区的应用研究和试验发展研究投入都对周边区域经济增长产生显著的正向溢出效应;而东部地区和西部地区的研发全时当量人员、中部地区和西部地区的基础研究投入则产生显著的负向溢出效应。

第五节 本章小结

本章首先基于一个经济地理增长模型,探讨了高校创新投入的经济增长效应和空间溢出效应,揭示出创新投入对经济增长具有正向的增长促进和空间溢出作用;然后运用空间动态面板杜宾模型,在结构视角下从全国和区域层面检验了不同类型高校创新投入及其空间溢出对经济增长的影响。主要结论表明:从全国来看,高校创新投入中基础研究和应用研究投入对经济增长具有显著的促进和溢出效应;从高校类型来看,理工农医类和人文社科类高校基础研究和应用研究投入也表现为促进和溢出效应。在区域层面,东部地区两类高校创新投入中基础研究投入正向溢出效应明显,中部地区理工农医类高校正向溢出效应显著,西部地区两类高校创新投入也都有外溢效应,但呈现正负分化现象。

基于以上研究结论,提出如下建议:一是强化高校创新投入。在经费投入方面,应持续加大投入力度,力争投入经费与GDP增速保持同步,确保高校创新经费投入合理增长;在创新人员方面,应坚持"质""量"并举,加大科研创新人员培养培训力度,切实提升创新能力,确保适应高质量发展需要的创新人员供给。二是优化投入结构实效。运用系统化思维,统筹安排理工农医类、人文社科类和基础研究、应用研究和试验发展类研究经费投入,持续优化投入结构,不断提高经费投入精准化水平;结合高校自身科技创新优势和定位,合理优化基础研究、应用研究和试验发展研究经费投入结构;注重研究实效提升,切实提高经费使用效益。三是深化协作创新。鼓励开展跨区域、跨高校、跨学科合作交流,探索建立科研投入使用共享机制,避免大量重复性人力物力投入;大力支持高校与科研机构和企业开展科学研究、人才培养合作,促进人文社科类高校与政府、企业合作,充分发挥知识溢出效应。四是深化创新体制改革。破除各类体制机制壁垒,完善以创新和质量为导向的科研评价机制,健全知识产权保护机制,有效激发各类创新要素活力,不断释放出巨大的"创新"改革红利。

第六章
公共服务与人才区位:以广东为例

2021年习近平总书记在中央人才工作会议上深刻阐述了新时代人才工作新理念新战略新举措,部署规划了建设世界重要人才中心和创新高地的战略目标,科学回答了新时代人才工作的一系列重大理论和实践问题。中共二十大报告指出,加快建设世界重要人才中心和创新高地,促进人才区域合理布局和协调发展,着力形成人才国际竞争的比较优势。这说明党和国家已经把人才工作摆到了更加突出的位置,体现了人才资源在社会主义现代化强国建设中的极端重要性。全部科技史都证明,谁拥有了一流创新人才、拥有了一流科学家,谁就能在科技创新中占据优势。从全球范围看,在当今百年未有之大变局中,各国的竞争很大程度上是科技、知识与创新的竞争,归根到底是人才的竞争。从国内看,在创新驱动和高质量发展阶段,人才资源是提升区域竞争力的决定因素,也是实现现代化强国建设的关键要素,人才的汇聚地将成为吸引企业集聚和实现区域创新的战略高地(杨开忠等,2021)。近年来,广东省坚决贯彻落实党中央决策部署,扎实推进人才强省建设,为高质量全面建成小康社会提供了有力人才支撑。根据第七次全国人口普查的数据,广东省流动性人口增加,缘于外省周边人口持续流入,我国十大人口增长最快的城市中广东省有2个,其中广州大专及以上人口受教育程度的新增人口数量占新增总人口的比例接近50%,这为城市创新转型发展储备了很好的人才基础(杨新洪,2021)。特别是2021年中央人才工作会议明确提出可以在北京、上海、粤港澳大湾区建设高水平人才高地,这赋予了广东省新的重大机遇。因此,如何以粤港澳大湾区建设高水平人才高地为牵引,开创新时代广东省人才强省建设新局面,既是一个迫切需要解决的重大现实问题,又是一个值得研究的重要理论议题。本章将通过构建一个多区域人才区位选择模型,试图在新空间经济学视角下探讨人才区位问题,力争为促进广东省人才强省建设提供理论依据。

第一节 引 言

人才流动决策的理论机制与人口区位选择机制本质上没有差异,只是由于人才具有较高的人力资本,使得工资收入、迁移摩擦等因素对其区位选择的影响更有限(董亚宁等,2020)。纵观文献,相关研究主要分为两种理论视角。一是新古典经济学视角。根据新古典经济学理论,收入因素是影响人口空间流动的主要原因,在经济发展过程中,随着区域收入差异缩小,人口空间流动也将趋缓,直至收入完全均衡下人口空间流动会停止(Lewis,1954;Harris等,1970)。大量实证研究验证了该观点(陆铭等,2004;姚枝仲等,2003;孙文凯等,2007)。二是空间经济学视角。主要沿着"人口流动—本地市场效应—收入差异—人口流动"因果循环机制,揭示了人口空间流动与工资收入之间的内生性联系(Krugman,1991;谢燮等,2005)。但这些研究都忽略了人口区位选择的异质性现象,由于忽略异质性假设,理论上人口区位将由最初的对称分布突发性地转变为中心外围结构,这样的理论结果在解释现实问题时往往显得苍白无力。因此,引入异质性的研究成了前沿方向,即新新经济地理学。新新经济地理学理论认为,微观异质性人口会根据个人技能禀赋进行自主区位选择,较高技能人才倾向于核心区域,而较低技能人才倾向于边缘地区,人才向大城市集中会吸引高效率企业选择大城市(杨开忠等,2016);国外学者Moriet等(2000)较早将异质性劳动力引入新经济地理学模型;国内学者赵伟等(2007)、甄小鹏等(2017)、靳军宝等(2021)做了相关研究,孙殿超和刘毅(2021)专门就广东省科技人才政策及人才资源分布开展了研究。

事实上,无论是新古典经济学理论还是空间经济学理论,都只是将收入差异作为影响人口空间流动的唯一决定性因素,多数研究将"人"从生产角度物化为一种要素投入,仅从要素收益——工资收入角度考虑人口空间流动,忽视了微观主体"人"的生活需求特性和所处区域自身特征,因而就无法全面揭示人口空间流动逻辑机制(董亚宁,2021)。

现实的情况是随着一个国家经济持续发展,当收入水平不断提高,一般性物质和文化需求已经得到满足时,更好的教育、更高水平的医疗卫生服务、更舒适的居住条件、更丰富的精神文化生活等这些因素将成为影响人口特别是人才空间流动的因素(李利文和任小龙,2020)。从理论研究看,关于从人的需求特性出发探讨人口空间流动的研究已经取得了显著的进展。从早期 Tiebout 提出政府可以通过提供不同组合的公共服务品影响劳动力空间流动,到 Rosen-Roback 提出便利设施(amenity)影响人们区位选择,再到20世纪90年代学者们提出吸引与聚集劳动力不仅仅依赖于经济性因素。这些研究从不同角度揭示了人口空间流动的理论机制,但也有一定局限性,如大多研究是基于单区域局部均衡的描述性研究,多数研究仅考虑劳动力空间流动的单一机制。因此,本章试图基于新空间经济学视角探究人才流动决策作用机制,并以广东省为例检验影响人才区位的主要因素。具体而言,通过构建一个综合考虑不可贸易服务品数量、质量及其消费便捷性等公共服务驱动的多区域人才区位选择模型,探讨公共服务影响异质性人才空间流动的理论机制,并基于微观个体数据进行实证检验。

第二节 理论模型

一、模型构建

基于新空间经济学理论,借鉴已有考虑公共服务和人才区位选择的研究框架(Pflüger,2004;董亚宁等,2021;顾芸等,2021),构建一个更加符合实际的多城市人才区位选择模型。整个经济体 R 由 N 个城市组成,且 N 个城市构成一个连续性分割($R_1\cdots,R_N$)。两部门分别为产业活动部门和公共服务部门:产业活动部门由技能人才生产可贸易产品,技能人才可在任意区域自由流动,城市 r 的技能人才名义工资 w_r,整个区域初始总人才为 $\bar{H}=\sum_{r=1}^{N}H_{r,t-1}$,城市 r 拥有的技能人才禀赋为 H_r,且具有微观个体异质性特征;公共服务部门生产多样化不可贸易产品,城市 r 的不可贸易部门产品种类为 n_r。

首先,关于技能人才偏好与产品需求,效用函数用柯布—道格拉斯型函数表示,设定为包含产业活动部门可贸易品消费 C_T、公共服务部门不可贸易品消费 C_{NT} 和城市经济效应的组合,城市 r 人才效用函数为:

$$U_r = \alpha \ln C_{NTr} + C_{Tr} + C_r \\ C_{NTr} = (\sum_{r=1}^{N} q_r \int_{j=0}^{n} c_{NTrj}^{\rho} dj)^{1/\rho} \tag{6-1}$$

其中,α 为代表性人才对多样化异质性不可贸易品组合的需求系数;q_r 表示城市不可贸易服务品质量;C_{NTrj} 为人才消费者对第 j 种不可贸易品的消费量;$\rho = \sigma/(\sigma-1)$,$\sigma > 1$,表示多样化不可贸易服务品替代弹性。根据已有相关研究(陈威,2022),人才在持续流入 r 城市过程中会出现规模经济效应和拥挤效应。其中,规模经济效应取决于城市 r 生产率($\bar{w}_r$)与就业规模(P_r),满足 $w_r = \bar{w}_r P_r^\theta$,$P_r$ 是城市 r 的人口规模,θ 刻画外部规模经济程度;拥挤效应为 $c_r = P_r^\gamma$,γ 反映外部规模不经济程度。总之,城市 r 的经济效应满足 $C_r = f(P_r)$。

城市 r 的人才面临的预算约束为:

$$P_{Tr} C_{Tr} + P_{NTr} C_{NTr} = Y_r \qquad (6\text{-}2)$$

其中:Y_r 为城市 r 的人才收入水平,P_{Tr}、P_{NTr} 分别为可贸易品、不可贸易品价格指数。

为了计算方便,假设可贸易品不存在运输成本差异,消费者可以消费任何城市生产的可贸易产品[①],可以将各城市可贸易品价格指数 P_{Tr} 标准化为 1。对于公共服务部门,假设以规模报酬递增为特征,生产不可贸易品需要投入固定成本 F 和 a_i 单位可变成本,并且不可贸易品在城市之间不可直接贸易,城市 r 的人才消费城市内部一单位不可贸易品需要支付 τ_{ii}($\tau_{ii} \geq 1$)倍价格。对于城市 r 不可贸易品部门而言,通过均衡分析,其不可贸易品价格指数为:

$$P_{NTr} = \left[\sum_{r=1}^{R} \phi_{rr} n_r \alpha_r^\sigma (\bar{p}_{NTr})^{1-\sigma}\right]^{1/(1-\sigma)} \qquad (6\text{-}3)$$

其中,n_r 是城市 r 提供的不可贸易品种类数,p_{NTr} 是城市 r 不可贸易品"到手"价,$\phi_{rr} = (\tau_{rr})^{1-\sigma}$ 表征城市 r 不可贸

[①] 这主要是因为随着物流和互联网的发展,运输成本对产品空间壁垒作用已经很小,消费者基本可以在任何城市便捷地消费可贸易品。当然,如果考虑可贸易品运输成本时,研究结论并不会改变。

易品消费便捷性特征。进一步求解人才效用最大化问题，由式(6-1)和式(6-2)得到城市 r 人才对可贸易品、不可贸易品需求分别为 $C_{Tr}=Y_r/P_{Tr}-\alpha$、$C_{NTr}=\alpha P_{Tr}/P_{NTr}$，进一步将产品需求带入(6-1)式可得到城市 r 人才间接效用函数为：

$$V_r(P_{Tr}, P_{NTr}, Y_r) = Y_r/P_{Tr} - \alpha \ln P_{NTr} + \alpha \ln P_{Tr} \\ + C_r + \alpha(\ln\alpha - 1) \quad (6\text{-}4)$$

二、均衡分析

遵循已有文献做法(安虎森等，2011)，假设人才流动决策的效应包括市场因素和人才异质性偏好因素，其中人才异质性偏好是符合独立同分布、均值为 0、方差为 $\pi^2\beta^2/6$ 的双指数分布，分布函数如下：

$$F(X) = \Pr(\xi_B^t \leqslant X) = \exp\left[-\exp\left(-\frac{X}{\mu}-\gamma\right)\right] \quad (6\text{-}5)$$

其中，μ 为人才的异质偏好程度，其值越大代表人才的异质偏好越强。γ 为欧拉常数，$\gamma = 0.5772$。根据 Holman & Marley 定理，人才迁移流动到城市 r 的概率 $P_r(H)$ 为：

$$P_r(H) = \frac{\exp(V_r/\mu)}{\sum_{r=1}^{N}\exp(V_r/\mu)}, \quad r = 1\cdots N \quad (6\text{-}6)$$

将式(6-4)代入式(6-6)，由此，人才从其他城市流动到城市 r 的概率满足：

$$P_r(H) = \frac{\exp((Y_r/P_{Tr}-\alpha\ln P_{NTr}+\alpha\ln P_{Tr}+C_r+\alpha(\ln\alpha-1))/\mu)}{\sum_{r=1}^{N}\exp((Y_r/P_{Tr}-\alpha\ln P_{NTr}+\alpha\ln P_{Tr}+C_r+\alpha(\ln\alpha-1))/\mu)}, \\ r = 1\cdots N \quad (6\text{-}7)$$

式(6-7)描述了人才区位选择的动态过程,城市内代表公共服务的不可贸易品价格指数、城市生产率水平等都影响人才迁移流入概率。结合式(6-3),进一步可以得到：

$$\frac{\partial P_r(H)}{\partial P_r}>0, \frac{\partial P_r(H)}{\partial \bar{w}_r}>0, \frac{\partial P_r(H)}{\partial \phi_{rr}}>0, \\ \frac{\partial P_r(H)}{\partial n_r}>0, \frac{\partial P_r(H)}{\partial \alpha_r}>0 \qquad (6-8)$$

通过上述分析,总结得出如下命题。

命题：城市内不可贸易品消费数量、质量、消费可及性以及城市生产率水平、城市人口规模等因素共同影响着人才迁移决策。

第三节 实证研究

一、特征事实描述

由于本章考虑微观异质性人才流动决策的影响因素研究,根据中国流动人口动态监测调查数据(CMDS)按照随机抽样原则,采取分层、多阶段、与规模成比例的PPS方法进行抽样,并从微观个体多视角进行调查,结果具有较好的代表性(官华平,2022)。因此,选取CMDS数据进行检验分析,根据CMDS[①],从人口流入总量看,2017年广东省全省

---

① 这里所描述的数据经过了处理,剔除了无法识别城市等的样本,尽最大可能保留了调查样本数。

抽样流动人口 9998 人;从人口流入区域看,其中流入广东省内陆城市的人口占 20.8%,流入广东省沿海城市的人口占 79.2%(主要集中在珠三角区域,占比高达 93.6%);从流动人口来源看,从省外流入至广东省 6754 人,占比近七成;从流动人口受教育程度看,专科及以上受教育程度的流动人口占 14.02%,主要集中于深圳、广州、东莞、珠海、佛山几个城市;再从留居原因来看(见表 6-1),可以发现 31.09%的广东省流动人口是因为交通、教育、医疗等公共服务好而选择流入,从省外流入广东省的人才中有 27.23%的人选择了交通、教育、医疗等公共服务。

表 6-1　2017 年广东省抽样流动人口和流入人才的留居原因

留居原因	抽样流动人数(人)	抽样流动人数占比(%)	抽样流入人才数(人)	抽样流入人才占比(%)
收入水平高	1257	15.49	87	10.77
个人发展空间大	1934	23.84	286	35.40
积累工作经验	966	11.91	97	12
城市交通发达、生活方便	907	11.18	97	12
子女有更好的教育机会	1593	19.64	119	14.73
医疗技术好	22	0.27	4	0.5
与本地人结婚	131	1.61	26	3.22
社会关系网都在本地	269	3.32	31	3.84
政府管理规范	32	0.39	5	0.62
家人习惯本地生活	580	7.15	25	3.09
其他	422	5.2	31	3.84

注:(1)根据 2017 年 CMDS 整理计算而得;(2)以居住地为广东省的流动人口(含广东省内流动)表示"流动人数";(3)以流入广东省的专科及以上受教育程度流动人口(不含广东省内流动)表示"流入人才数"。

进一步地统计分析发现,流入广东省人才数与广东地级市公共服务(LQ)呈正相关关系,且拟合度较高。

二、计量模型选取

基于前述人才迁移流动概率模型,首先采用条件 Logit 模型检验公共服务对广东省人才区位选择的影响;然后,将进一步考虑个体异质性,即在条件 Logit 模型中引入人才特征与公共服务指数的交叉项考察微观异质性特征对人才区位选择的影响。计量模型分别如下:

$$P(choice_{ij}=1)=\frac{\exp(\beta_1 LQ_{ij}+\beta_2 CON_{ij})}{\sum_{j=1}^{J}\exp(\beta_1 LQ_{ij}+\beta_2 CON_{ij})} \quad (6-9)$$

$$P(choice_{ij}=1)=\frac{\exp(\beta_1 LQ_{ij}+\beta_{11} LQ_{ij}X_i+\beta_2 CON_{ij})}{\sum_{j=1}^{J}\exp(\beta_1 LQ_{ij}+\beta_{11} LQ_{ij}X_i+\beta_2 CON_{ij})}$$

$$(6-10)$$

式中,LQ 表示公共服务指数;CON 表示城市层面的控制变量;X 表示人才特征,包括性别、年龄、婚姻状况和户口性质等;当 j 城市的效用水平大于流入其他城市时,$choice_{ij}$ 取值为 1,反之为 0。

三、指标选择与数据

本章选取 2017 年 CMDS 数据匹配 2016 年 285 个地级市数据进行检验分析,地级市数据来源于《中国城市统计年鉴》。考虑到2017年流动人口动态监测现场调查时间为5月份,且以上一年度全国流动人口年报数据为基础抽样所得,故匹配上一年度的地级市数据更为恰当。本章将受教育程度为大专及以上学历的人定义为人才,整理后得到1605个个体样本。最终,2017年CMDS中广东流动人才与285个地级市匹配后,获得457425个观测值。

就流动人才的个体特征而言,本章将女性赋值0,男性赋值1;将婚姻状况分为未婚(含离婚和丧偶)和在婚,分别赋值0和1;将户口性质分为非农业户口和农业户口,分别赋值0和1。根据广东流动人才(含广东省内部流动人才)的描述性统计(见表6-2),女性和男性大体相当,40岁以下者占比近九成,在婚者占六成以上,农业户口者也占六成以上。

表6-2 抽样个体特征的描述性统计

个体特征	类别	流动人才(人)	流动人才占比(%)
性别	女	803	50.03
	男	802	49.97
年龄	15—29岁	705	43.93
	30—39岁	713	44.42
	40—49岁	156	9.72
	50岁及以上	31	1.93
婚姻状况	未婚	585	36.45
	在婚	1020	63.55
户口性质	非农业户口	578	36.01
	农业户口	1027	63.99

注:实证回归时年龄变量采用的是连续数值。

城市层面的公共服务(LQ)是本章的核心解释变量,参考张亚丽等(2019)、马凌等(2018)等研究,选取了教育、医疗和交通类指标,并且增加信息类指标。具体来看:(1)教育类指标由生均小学教师数(人)、生均中学教师数(人)和在校大学生数占年末总人口比重(%)指标构成;(2)医疗类由每万人医院卫生院数(个)、每万人医院卫生院床位数(个)和每万人医生数(人)指标构成;(3)交通类由人均城市道路面积(百万平方米)和每万人出租汽车数(千辆)指标构成;(4)国际互联网用户数和移动电话用户数作为"新基建"建设的现有环境基础被本章选为公共服务构成的重要组成部分,作为信息类指标。本章采用熵值法分级计算教育类、医疗类、交通类和信息类指标,最终得出公共服务综合指数。

影响人才区位选择的因素除了公共服务还有很多,本章主要选取了人均国内生产总值(GDPc)、第二产业占GDP比重(GDP_2)、人口密度(density)等指标作为控制变量,在一定程度上代表了影响人才区位选择的经济因素和人口因素。主要变量的描述性统计见表6-3。

表6-3 主要变量的描述性统计

变量符号	均值	方差	最小值	最大值	样本量
LQ	5.5658	3.6707	1.1692	30.632	285
ln GDPc	10.7039	0.5269	9.3045	12.2413	285
ln GDP_2	3.8197	0.2377	2.7193	4.269	285
lndensity	-3.4662	0.922	-7.4611	-1.385	285

四、回归结果分析

表6-4报告了条件Logit模型回归结果,model(1)和model(2)的实证样本范围为广东流动人才,即包含广东省内部流动人才和从省外流入广东省的人才;model(3)和model(4)的实证样本范围为省外流入广东人才,不包含广东省内部流动人才;model(5)和model(6)的实证样本范围仅为广东省内部流动人才。可以看出,城市的公共服务水平越高,被广东流动人才选中的概率越大。从城市其他变量来看,以人均GDP为代表的经济水平仍然影响广东流动人才的区位选择,但其影响程度低于公共服务;流入广东人

表6-4 条件Logit模型回归结果

	model(1)	model(2)	model(3)	model(4)	model(5)	model(6)
ln LQ	3.427***	2.1517***	3.8117***	2.7133***	2.9495***	1.2461***
	(0.0443)	(0.0647)	(0.0623)	(0.0824)	(0.0646)	(0.1126)
ln GDPc		1.3919***		1.190***		1.9502***
		(0.1061)		(0.1382)		(0.172)
ln GDP_2		0.0386		0.585***		−0.6796***
		(0.1289)		(0.2013)		(0.1705)
lndensity		1.198***		1.2257***		1.1969***
		(0.0597)		(0.0866)		(0.0842)
N	457425	457425	269895	269895	187530	187530
r^2_p	0.386	0.470	0.459	0.534	0.294	0.398

注:(1) $*p<0.10$,$**p<0.05$,$***p<0.01$;(2) 括号内为标准误。

才的区位选择受到产业结构的显著影响,即第二产业占比越高,区域选择的影响程度越大,而在包含广东省内部流动人才的情况下,产业结构对区域选择的影响不再显著,这意味着广东省内部流动人才更倾向于第三产业占比高的城市;人口密度对广东流动人才的区位选择产生正向显著影响,也就是说广东流动人才更倾向于流入人口密集的城市。

本章进一步采用微观数据进行个体异质性分析,回归结果见表6-5。表6-5中,model(7)和model(8)的实证样本范围为广东流动人才;model(9)和model(10)的实证样本范围为省外流入广东人才;model(11)和model(12)的实证样本范围为广东省内部流动人才。在加入性别、年龄、婚姻状况和户口性质等个体特征后,公共服务对广东流动人才的区位选择依然显著。从流动人才来看,年龄越大者对公共服务的反应越弱,非农业户口者对公共服务的反应强,也就是说年轻人和城镇人更偏好具有优质公共服务的城市,但是在性别和婚姻状况方面未达到显著性水平。从流入广东省人才来看,除了城镇人更偏好具有优质公共服务的城市,女性和未婚者也更偏好具有优质公共服务的城市,但在年龄方面并未达到显著性水平。从广东省内部流动人才来看,仅年龄与公共服务的交互项为负向显著,也就是说年轻人更偏好具有优质公共服务的城市。由此可见,不同个体特征的广东省流动人才对公共服务的反应具有异质性特征,并且流入广东省的人才对公共服务的反应与广东省内部的流动人才表现有所不同。

表 6-5 条件 Logit 模型——个体异质性分析

	model(7)	model(8)	model(9)	model(10)	model(11)	model(12)
ln LQ	4.2138***	3.1194***	4.352***	3.3917***	4.2835***	2.8783***
	(0.2423)	(0.2701)	(0.3556)	(0.4017)	(0.3537)	(0.3963)
ln LQ * 性别	-0.0629	-0.0779	-0.2923**	-0.3638**	0.0375	0.0446
	(0.0926)	(0.1031)	(0.1311)	(0.1469)	(0.1376)	(0.155)
ln LQ * 年龄	-0.016**	-0.0195**	0.0044	0.0056	-0.0395***	-0.0479***
	(0.0076)	(0.0083)	(0.011)	(0.0124)	(0.0113)	(0.0123)
ln LQ * 婚姻状况	-0.1574	-0.1996	-0.4493***	-0.5663***	-0.0137	-0.0344
	(0.1101)	(0.123)	(0.1614)	(0.1826)	(0.1581)	(0.1781)
ln LQ * 户口性质	-0.2234**	-0.2772**	-0.320**	-0.398**	-0.163	-0.2076
	(0.0989)	(0.1106)	(0.1402)	(0.1573)	(0.1441)	(0.1631)
ln GDPc		1.4033***		1.2146***		1.9822***
		(0.106)		(0.1381)		(0.1721)
ln GDP$_2$		0.0227		0.5486***		-0.7131***
		(0.129)		(0.2014)		(0.1709)
lndensity		1.1939***		1.2164***		1.1858***
		(0.0597)		(0.0865)		(0.0841)
N	457425	457425	269895	269895	187530	187530
r^2_p	0.387	0.471	0.461	0.537	0.297	0.401

注:(1) * $p<0.10$,** $p<0.05$,*** $p<0.01$;(2) 括号内为标准误。

第四节 本章小结

在新空间经济学视角下,本章通过构建一个探究"公共服务—人才区位"互动机制的空间一般均衡模型,提供了一个公共服务驱动人才区位选择机制的理论框架,整合并发展了传统新古典经济学和空间经济学理论关于这一机制的理论分析,系统揭示出公共服务与人才区位之间的内在互动机理,能够与时俱进地解释我国人才流动决策问题。理论研究发现:以本地不可贸易品数量及其区内消费便捷性为代表的公共服务的改善均有利于吸引人才流入;城市生产率水平、人口规模显著影响人才流动。实证结果也表明,工资收入不是影响广东省人才流动的唯一因素,人才更倾向于流入教育、医疗、环境、便捷性好,以及收入水平高的城市,人才追求公共服务优越的区域;城市公共服务显著影响广东流动人才的区位选择,且对省外流入人才的影响程度更大,即公共服务对省外人才流入的影响程度是省内城市间流动的近 1.4 倍;性别、年龄、婚姻状况和户口性质等人才个体异质性特征也是影响广东流动人才区位选择的重要因素,且从省外流入的非农业户口、女性、未婚人才,以及年轻的广东省内部流动人才,更偏好具有优质公共服务的广东省内城市。

  本章的研究结论能够为广东省新时代人才强省建设提供有力的理论依据。在未来的城市发展中,人才资源将是城市的核心竞争力,提升城市竞争力的关键就是最大限度地吸引劳动力,而吸引劳动力的关键是打造和提升公共服务。正如习近平总书记在中共十九大报告中指出的,"人才是实现民族振兴、赢得国际竞争主动的战略资源",要聚天下英才而用之。本章的研究启示是:第一,强化地方公共服务质量供给,国家于2018年出台《关于建立健全基本地方公共服务标准体系的指导意见》,明确提出了涵盖公共教育、医疗卫生等9个领域的国家基本地方公共服务质量要求,指出要"以标准化促进基本地方公共服务均等化、普惠化、便捷化",实施层面要切实推进地方公共服务领域质量变革,以丰富优质的教育、医疗、社会保障等本地不可贸易服务品数量、质量及其可及性为着力点,切实提升本地教育、医疗质量水平,最大限度提高人才对本地不可贸易品的偏好程度;第二,从人才空间流动政策的制定来看,人才空间流动与城市公共服务、城市发展水平紧密关联,要按照中央和广东省委人才工作会议精神,以在粤港澳大湾区建设高水平人才高地为牵引,扭住"五大工程"[①]精准发力,特别是实施人才引进提质工程和人才生态优化工程,营造拴心留人的人才发展环境。第三,要实施战略人才锻造工程和人才培养强基工程,注重人力资本投资长效机制,创造有利于人力资本积累的政策环境,持续增加教育和培训等方面公共投入,不断提高人力资本回报率,引导家庭和个人对自身人力资本进行持续投资,保持人力资本的持久竞争力。

[①] 广东省2021年推出的人才强省建设"五大工程"包括:战略人才锻造工程、人才培养强基工程、人才引进提质工程、人才体制改革工程、人才生态优化工程。

第七章
公共服务与人才区位：引入城市规模*

第一节 引　言

中共二十大报告明确指出"深入实施人才强国战略"，这表明党和国家已经把人才工作放到了突出位置。在创新驱动和高质量发展阶段，人才资源是提升区域竞争力和实现区域繁荣发展的决定因素，也是促进区域协调发展的关键要素，区域竞争的核心将由传统的追逐投资转向追逐知识、追逐人才，人才的汇聚地将成为吸引企业集聚和实现区域创新发展的战略高地（杨开忠，2019）。也正因为此，自2017年初武汉市"五年内留住百万大学生计划"打响"抢人大战"第一枪之后，各个城市已经将吸引人口尤其是吸引人才作为提升区域竞争力的重要方式，近几年先后有数百个城市出台了人才新政，城市层面的"抢人大战"可谓全面开花，2018年也被称为"中国城市人才竞争全面爆发的元年"。

---

* 本章是在笔者合作发表的论文《公共服务、城市规模与人才区位——基于新空间经济学理论的分析》（《科技进步与对策》2021年第1期）的基础上修改而成，感谢合作者的贡献。

国家卫健委统计数据[①]显示,从全国范围人才流动规模来看,我国大专及以上受教育程度人口流动规模占总人口流动规模的比重从 2011 年的 8.2% 上升到 2017 年的 18.1%;从区域人才流动规模来看,自 2011 年至 2017 年,东部地区人才流动规模占总人才流动规模的比重大多维持在 55% 左右,中西部地区人才流动规模则大多维持在 45% 左右;分城市等级来看,流入到特大城市的人才规模占比自 2011 年的 12.79% 增加到 2017 年的 13.86%。总体而言,人才流动态势呈现出两个特征:一是人才流动规模持续扩大,受教育程度较高者越来越成为流动人口的重要部分;二是人才流动区域差异明显,人才持续流向大城市和特大城市,相比而言中小城市则尚未成为人才青睐的流入城市。

众多研究认为公共服务是影响人口区位选择的重要因素,2020 年,中共中央、国务院印发的《关于构建更加完善的要素市场化配置体制机制的意见》也提出要建立基本公共服务与常住人口挂钩机制,推动公共资源按常住人口规模配置。然而,如果借鉴 Tiebout 理论考虑公共服务品组合的话,理论预期似乎与近年来的经验事实不太吻合。图 7-1 是运用熵权法构建公共服务综合指数绘制的公共服务与人才空间流动关系图[②],可以发现公共服务与人才空间流动呈现

---

① 数据来源于国家卫健委中国流动人口动态监测调查数据(CMDS)(2011—2017 年),本章借鉴 Casel(2006)的分类方法,按照受教育程度,将大专及以上受教育程度人口界定为人才。

② 关于具体指标选取、人才空间流动刻画等详见本章第三节实证检验部分。

非线性关系,也就是说增加城市公共服务供给并不意味着一定能够吸引人才流入。难道是 Tiebout 理论机制在中国失灵了吗?实际上,由城市规模带来的规模经济效应和规模不经济效应正越来越影响人才区位选择。由此来看,系统揭示人才区位选择理论机制,科学把握人才区位选择逻辑是摆在我们面前的重要问题,这一问题的回答对于优化人才资源空间配置、促进区域经济平衡充分发展具有重要意义。

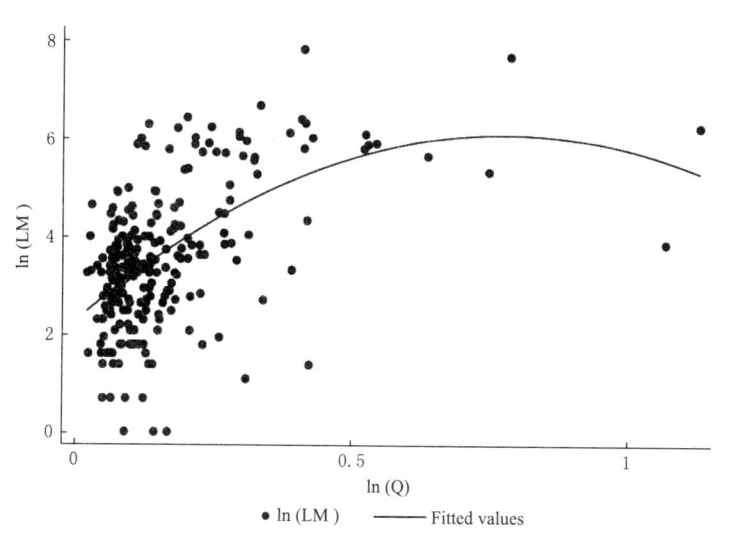

图 7-1 公共服务综合指数与人才区位关系图

第二节 文献回顾

从理论上来看,关于人口区位选择的理论机制研究已经颇为深入,从早期的二元结构理论到推拉理论,再到共享交流理论和便利设施作用理论,这些研究从收入均等、空间交互、学习匹配、不可贸易公共服务品选择及迁移摩擦等不同方面系统阐释了人口区位选择的理论机制(董亚宁等,2019)。实际上,人才区位选择机制与人口区位选择机制并没有本质区别,只是由于人才具有相对较高的人力资本水平,使得工资收入、迁移摩擦等因素对其区位选择的影响更有限,而公共服务、生态环境、住房等具有不可贸易属性的区位因子对其区位选择的影响则显得愈加重要(杨开忠,2019)。

关于公共服务因子的研究,经典代表就是美国经济学家查尔斯·蒂伯特(Charles Tiebout)的"用脚投票"理论,该理论最早将地方公共服务加入人口迁移的效用模型中,认为居民在不同地区间"选购"公共服务,政府可以通过提供不同组合的公共服务影响人口流动;Lee(1966)则进一步考虑了高技能劳动力区位问题,认为迁入地的良好教育体制是吸引劳动力的重要拉力,高素质劳动力本身就是一种推力。大量实证研究也验证了该理论机制,如夏怡然和陆铭(2015)发现更好的教育医疗等公共服务是影响劳动力流向不同城市的重要因素;董亚宁等(2020)通过理论和实证检验了公共服务对于人才区位的影响机理。关于生态环境因子的研究,随着人们生活水平的提高,生态环境成了影响劳动力特别是人才流动的重要因素。肖挺(2016)发现城市污染排放量越大,越可能造成人口流失,并且这种人口驱逐效应在沿海及内地中心城市体现得更为明显。罗勇根等(2019)则进一步从人才角度作了研究,发现城市空气污染

第七章 公共服务与人才区位：引入城市规模

和环境质量显著影响人力资本流动,城市环境质量的改善有利于吸引高层次人才的入驻。孙伟增等(2019)的研究也支持该结论,即受教育水平越高的流动人口在就业选址时对空气污染的敏感性越高。上述研究侧重从公共服务、生态环境的单一角度探讨人才区位问题,董亚宁等(2020)综合考虑地方生态环境,住房供给,不可贸易服务品数量、质量及其可及性影响劳动力区位问题,构建了一个地方品质影响劳动力区位的新空间经济学理论框架。

除了公共服务、生态环境等不可贸易区位因子以外,实际上城市规模对于人才区位的影响也得到了广泛研究。从现有关于我国的经验研究来看,大多研究发现人力资本区位决策更倾向于城市规模较大的城市(高春亮和李善同,2019),东部沿海三大城市群依旧是人口流动的热点区域(蒋小荣和汪胜兰,2017),显然这一研究结论与基于CMDS的经验数据是完全吻合的。大城市之所以持续吸引人才流入,一个重要的原因就是大城市的城市规模经济优势。一方面,大城市的产业集聚外部性、个人城市迁移吸引力以及城市市场规模扩大会使大城市拥有更高的生产率,这样具有较高技能的劳动力更倾向于流入大城市(Behrens & Robert-Nicoud, 2014),从我国经验也发现人口净流入地区基本是规模较大、经济相对发达的城市(陆丰刚和陈寅平,2019)。同时,劳动力在人才集聚的大城市里可以获得更高的个人收入(Venables, 2010)。另一方面,许多大城市优先对高学历人才开放,从而可能引导高学历劳动者因为容易获得大城市的各项政策红利而流向大城市,最终带来城市总体人力资本水平的提高,而能力越强的人在大城市通过学习机制获得的好处越多(Davis & Dingel,2014)。此外,相比于小城市,大城市更容易融入全球经济一体化,在交通运输和信息共享方面更具有便利性。

然而,伴随着城市规模的不断扩大,城市规模不经济的问题也日益凸显。根据空间均衡的原理,城市规模不经济作为城市规模经济的另一面是必然存在的。早期学者针对发展中国家开展了城市规模不经济的研究(Thomas,1980;Henderson,2002),但是量化深度不够。为此,Combes等(2012)运用工具变量估计的识别策略,估计了城市规模对土地价格的影响,进而通过支出函数测算出了城市规模不经济的大小。Albouy & Ehrlich(2013)利用美国的相关数据复制了这一研究,也发现城市规模将显著影响城市地价进而影响住房成本。Brinkman(2013)通过构建包含城市规模经济和规模不经济的空间均衡结构模型,考察了拥挤成本、集聚经济与空间结构之间的关系,发现拥挤成本将导致就业更加分散。国内学者王小鲁和夏小林(1999)通过构建生产函数和成本函数对城市规模的收益和成本进行了量化分析。张志强和孙斌栋(2019)在一个统一框架下考察了城市规模经济和规模不经济对城市福利的影响,发现城市集聚能带来城市生产率的提高,也带来较高的住房成本及较长的通勤时间。尤济红和陈喜强(2019)发现受过高中及以上教育的个体更关心流动目标城市的房价,从这个角度讲,人才能够从城市规模经济中收益更多,但也面临更高的成本。

本章在系统梳理已有研究基础上,试图通过引入"公共服务+城市规模→人才区位"影响机制,综合分析公共服务、城市规模对人才区位的影响逻辑。主要贡献是从公共服务供给数量、质量及其可及性的综合维度探讨公共服务、城市规模与人才区位问题,揭示了公共服务、城市规模对于人才区位的影响互动机制。

第三节 实证检验

一、模型设定与变量选取

理论分析表明,不同城市规模条件下的公共服务对人才区位选择影响效果有别,城市规模对于公共服务影响人才区位具有门槛效应。因此,为了检验这种门槛效应,设定门限回归模型如下:

$$\begin{aligned}LM_{it}=&\alpha_0+\alpha_1 Q_{it}I(inn_{it}\leqslant th)\\&+\alpha_2 Q_{it}I(inn_{it}>th)+\alpha_3 S_{it}\\&+\sum\alpha_j X_{it}+\mu_i+\nu_t+\varepsilon_{it}\end{aligned} \quad (7\text{-}1)$$

其中,下标 i 和 t 分别表示城市和年份;LM_{it}、Q_{it} 和 X_{it} 分别表示被解释变量、核心解释变量和相关控制变量;μ_i、ν_t 和 ε_{it} 分别表示城市规定效应、时间固定效应和随机扰动项。inn_{it} 和 th 则分别表示门槛条件变量和门槛值;$I(\cdot)$ 是示性函数,即 inn_{it} 和 th 满足括号内条件时,取值为 1,否则为 0。

(1) 被解释变量(LM_{it})。关于人才空间流动的衡量,借鉴 Casel(2006)的分类方法,按照受教育程度,选取其中大专及以上受教育程度流动人口衡量人才流动。为了避免由于双向因果带来内生性问题,在识别地方公共服务如何影响人才流动时,对地方公共服务的数据选择了前定变量。

(2) 门槛条件变量(inn)。根据前文模型分析,以城市规模作为门槛变量。衡量城市规模的指标有很多,本章首先参考孙三百等(2014)、丁玉龙和秦尊文(2020)等研究所采用的市辖区人口表示城市规模,以此作为基准回归;由于人口密度越大,发挥规模效应的可能性越高,因此城市人口密度也能够有效刻画城市规模,稳健性检验部分选择常住人口密度作为门槛变量。如果 inn_{it} 值越大,表示门槛值越高。

(3) 核心解释变量(Q_{it})。关于公共服务衡量,大多研究选取与个人直接相关的教育、医疗和文化等指标代表地方公共服务。为了刻画理论模型部分公共服务组合,特别是公共服务数量、质量及其可及性的特征,选取教育、医疗、文化、交通、生态五个维度变量衡量公共服务综合指标(Q),在具体变量选择上,由于每个维度细分指标较多,所以侧重选取更能刻画公共服务质量的指标(杨晓军,2017)。具体而言,教育、医疗、文化、交通、生态变量依次选取每万人高等学校数(EDU)、每万人医院卫生院数(HEA)、每万人公共图书馆藏书(CUL)、每万人出租汽车数(TRA)及每平方公里建成区绿化覆盖面积(ENV)来代表。由于熵权法计算简便,且能够保留大部分原始数据信息,在对变量数据进行标准化处理后,运用熵权法确定各项指标的权重(变量权重依次为0.244、0.078、0.216、0.194、0.269),并最终合成公共服务综合指标(Q)。

(4) 相关控制变量(X_{it})。城市收入水平与就业机会也是影响人才流动的因素。这里以在岗职工平均工资作为城市收入水平的代理变量。实际上,房价作为城市生活成本的代表,控制房价后的工资才接近于实际上工资的影响,因此选择在岗职工平均工资/商品房销售价格(WAGE)来衡量城市的实际收入水平。另外,在回归中控制房价也可以减少名义工资和公共服务系数存在遗漏变量偏误。产业结构在一定程度上影响着就业规模,进而影响流动人才的就业机会与发展可能,这里选取第二产业占比来衡量产业结构(IND)。固定资产投资也是影响基本公共服务供给的重要因素,故需要控制固定资产投资(INV)的影响。此外,由于人才流动具有集聚效应,因此将人才流动的滞后一期也放入控制变量。

由于部分城市在核心变量上存在数据缺失问题,最终选取2011—2017年的244个城市样本。数据来自历年《中国城市统计年鉴》《中国区域经济统计年鉴》和国家卫健委中国流动人口动态监测调查数据(CMDS),CMDS数据按照随机抽样的原则,采取分层、多阶段、与规模成比例的PPS方法进行抽样,调查结果在全国和各省都具有较好的区域代表性(李丁和郭志刚,2014)。为保证数据平稳性,个别缺失数据利用前(后)一年数值补充。此外,为了消除变量间量纲关系,所有数据经过了对数化处理。

二、基准回归

本章首先借鉴 Hansen(2000)的做法,对不同门槛模型的 F 检验及运用 Bootstrap 自助法抽样 300 次,得到的 P 值如表 7-1 所示。从门限效应检验结果来看,城市规模单一门槛的 F 统计量在 5% 水平上显著,即通过单一门槛检验。

表 7-1 基于全国层面的门限效应检验结果

			临界值		
	F 值	P 值	1%	5%	10%
单一门槛检验	6.388**	0.020	7.429	5.053	3.348
双重门槛检验	5.330	0.137	13.296	8.671	6.430
三重门槛检验	5.149*	0.063	9.529	6.194	4.256

注:* $p<0.10$, ** $p<0.05$, *** $p<0.01$。

单一门槛模型回归结果(表 7-2)显示,第一门槛值为 109.5082(万人),低于门槛值时,公共服务供给数量的回归系数为正但不显著;高于门槛值时,公共服务供给数量的回归系数显著为正。也就是说,当城市规模低于门槛值时,增加公共服务供给并不能显著吸引人才流入;只有当城市规模高于门槛值时,增加公共服务供给会显著吸引人才流入。城市规模的门槛效应显著,证实了理论模型的命题,也解释了图 7-1 所刻画的特征事实。这意味着对于规模较小的城市而言，一味增加公共服务供给的"引人"政策效果不一定理想，难以吸引人口特别是人才流入。根据王小鲁和夏小林的研究结果，即规模在 100 万～400 万人之间的大城市具有最高的净规模收益，那么本章门限回归结果所得第一门槛值 109.5082 万市辖区人口可以认为是相对合适的。就控制变量而言，扣除房价因素的城市实际工资水平对人才流入的影响显著为正；固定资产投资越大意味着越多的发展机会或者越高的公共服务投资水平，也有助于吸引人才流入；第二产业占比与人才流入呈现负向关系，这说明人才资源更多流入第三产业领域，也暗示着人力资源"脱实向虚"的配置倾向；上期人才流入规模对当期流入影响显著为正，说明人才流动呈现"集群效应"。

表 7-2 基于全国层面的门限回归检验结果

	Coef.	t	P
lnWAGE	0.332	1.97	**
lnINV	0.604	6.40	***
lnIND	−0.674	−3.80	***
L.lnLM	0.062	1.93	*
Q_1	0.050	0.26	
Q_2	1.037	2.34	**
_cons	0.486	0.50	
第一门槛值	4.696(109.5082)		

注：(1) * $p<0.10$，** $p<0.05$，*** $p<0.01$；(2) 括号中数字为门槛还原值。

从统计数据来看,2017年市辖区人口超过109.5082万人的城市有127个,其中东部地区有57个、中西部地区有70个;市辖区人口未超过109.5082万人的城市有117个,其中东部地区有25个、中西部地区有92个,跨过第一门槛的城市更多地集中于东部地区,而未跨过第一门槛的城市更多地集中于中西部地区,这些地区正是经济相对落后的地区并且也是人口主要流出的城市,增加公共服务供给并未吸引人才流入可能是由于"学习效应"较弱所致。王珍珍和穆怀中(2018)就在城市规模对于人力资本外部性的门槛研究中发现,在人口规模较小的城市存在的人与人之间的"学习效应"弱于"竞争效应"。

三、稳健性检验

为保证回归结果的稳健性,选取常住人口密度作为门槛变量的替代变量进行稳健性检验。从检验结果(表7-3)来看,可以通过门限回归模型进行实证。回归结果见表7-4。从门限效应检验结果来看,城市规模单一门槛的F统计量在5%水平上显著,双重门槛和三重门槛的F统计量不显著。由此可知,城市规模存在单一门槛效应,因此可以通过门限回归模型分析。

表7-4中稳健性检验结果显示,在替换了门槛变量的指标之后,结论依旧稳健。从门槛变量的回归结果来看(见表7-4),第一门槛值为668.7(人/平方公里),当低于第一门槛值时回归系数不显著;当高于第一门槛值时,回归系数显

表 7-3　基于全国层面的门限效应稳健性检验结果

	F 值	P 值	临界值 1%	5%	10%
单一门槛检验	6.336**	0.017	7.068	3.885	2.922
双重门槛检验	3.237	0.120	8.569	4.884	3.384
三重门槛检验	4.266	0.163	10.078	7.441	5.656

注：* $p<0.10$，** $p<0.05$，*** $p<0.01$。

表 7-4　基于全国层面的门限回归稳健性检验结果

	Coef.	t	P
lnWAGE	0.357	2.13	**
lnINV	0.605	6.42	***
lnIND	-0.656	-3.69	***
L.lnLM	0.065	2.02	**
Q_1	0.102	0.54	
Q_2	2.068	2.33	**
_cons	0.313	0.33	
第一门槛值	-2.705(668.7)		

注：(1) * $p<0.10$，** $p<0.05$，*** $p<0.01$；(2) 括号中数字为门槛还原值。

著为正。控制变量系数与基准回归系数基本一致，进一步支撑了命题结论。

从统计数据来看，2017年城市规模超过668.7人/平方公里的城市有54个，其中东部地区有34个、中部地区有15个、西部地区有5个；城市规模未超过668.7人/平方公里的城市有190个，其中东部地区有46个、中部地区有73个、西部地区有71个。2011—2016年的统计数据与2017年上述统计数据大体相当,同样表现为跨过第一门槛的城市集中于东部地区,与基准回归的统计数据显示基本一致。

四、不同区域分析

下面按照东部地区和中西部地区进行区域对比分析,不同区域均通过了门限效应检验结果(见表7-5)。从表7-5的检验结果可知,东部地区通过了第一门槛检验和双重门槛检验,中西部地区通过了第一门槛检验。

表7-5 门限效应检验结果(分区域)

		F值	P值	1%	5%	10%
东部地区	单一门槛检验	14.546***	0.007	8.232	5.663	4.349
	双重门槛检验	5.678*	0.087	10.687	7.462	5.122
	三重门槛检验	6.786**	0.033	9.326	5.420	3.763
中西部地区	单一门槛检验	5.161*	0.063	9.624	5.631	3.698
	双重门槛检验	2.834	0.120	10.345	5.806	3.107
	三重门槛检验	16.556***	0.000	13.459	7.144	5.313

注:* $p<0.1$,** $p<0.05$,*** $p<0.01$。

从回归结果(表7-6)可以看出,综合东部地区第一门槛模型回归和双重门槛模型回归结果,其第一门槛值在60.9(万人)与163.7(万人)之间,当城市规模低于第一门槛值时,增加公共服务供给水平并不能有效吸引人才流入,甚至

表 7-6 基于不同区域的门限回归检验结果

	东部地区		中西部地区	
	(1)	(2)	(3)	(4)
lnWAGE	0.275	0.259	0.113	0.128
lnINV	0.624***	0.659***	0.849***	0.837***
lnIND	-3.460***	-3.661***	-0.317*	-0.293
L.lnLM	-0.132**	-0.14**	0.103	0.103***
Q_1	-9.059***	-8.355***	0.052	3.718
Q_2	0.025	1.119	1.041**	0.090
Q_3		-0.966		1.444**
Constant	12.217***	12.839***	-2.243*	-2.351**
第一门槛值	4.109	5.098	3.639	3.270
	(60.9)	(163.7)	(38.1)	(26.3)
第二门槛值		4.109		3.833
		(60.9)		(46.2)

注:(1) * $p<0.1$, ** $p<0.05$, *** $p<0.01$;(2)东部地区包括北京、天津、河北、辽宁、上海、江苏、浙江、福建、山东、广东、海南等11个省(直辖市);中西部地区包括山西、吉林、黑龙江、江西、安徽、湖南、湖北、河南、四川、广西、云南、贵州、内蒙古、陕西、甘肃、青海、宁夏、新疆、重庆、西藏等20个省(自治区、直辖市);(3)括号中数字为门槛还原值。

呈显著负向影响;但当城市规模高于第一门槛值时,公共服务供给的回归系数由负转为正,但并未显著,可能是由于城市规模外部不经济所致,进一步增加公共服务供给也并不能有效吸引人才。中西部地区的影响趋势则与全国层面基本一致,但是具体影响程度稍有差异。中西部地区的第一门槛值是38.1(万人),当城市规模低于第一门槛值时,增加公共服务供给不能有效吸引人才流入；当城市规模高于第一门槛值时，增加公共服务供给能有效吸引人才流入。由于东部地区城市规模和西部地区城市规模有差异性，两大区域的门槛值相差较大，实际政策中必须科学把握这一差异性。在控制变量方面，考虑房价因素的城市实际收入水平在东部和中西部地区中均不显著，这说明考虑房价因素后的实际工资水平在东部和中西部区域内部各个城市相对平衡，对人才区位选择的影响较小，这更加凸显了公共服务对未来区域性人才区位选择的影响，也符合我国社会主要矛盾转化的战略判断；中西部地区固定资产投资对引才的影响程度比东部地区更大，而产业结构对引才的影响程度比东部地区更小；分区域看，东部地区人才流入过程中竞争效应凸显，而西部地区更多呈现集聚效应，这里暗含的政策启示是中西部地区城市引才聚才过程中要更加注重发挥人才集聚效应。

从统计数据来看，2017年，东部地区82个城市中仅有8个城市的市辖区人口低于60.9万人，有40个城市的市辖区人口超过163.7万人，这40个城市主要包括北京、天津和上海3个直辖市，以及江苏、浙江、广东、福建、海南、河北和辽宁等的省会城市；中西部地区162个城市中有147个城市的市辖区人口大于38.1万人，15个城市的市辖区人口小于38.1万人，这15个城市主要分布在内蒙古、广西、云南和甘肃等省（自治区），这些城市皆属于由自然地理因素所致的地广人稀地区，其公共服务供给的难度也

五、不同城市等级分析

下面进一步划分不同城市等级进行分析,不同城市等级均通过了门限效应检验结果(见表7-7)。本章的城市等级划分标准参考2014年《关于调整城市规模划分标准的通知》的要求,以100万市辖区人口为划分界线,将低于100万市辖区人口界定为中小城市,而高于100万市辖区人口界定为大城市。由于每年市辖区人口会有所变化,本章为了便于进行门限回归,统一以2011年市辖区人口进行划分。从表7-7的检验结果来看,中小城市在1%显著性水平上通过了单一门槛检验和双重门槛检验,大城市在5%显著性水平上通过了双重门槛检验。

表7-7 门限效应检验结果(分城市等级)

		F值	P值	临界值 1%	5%	10%
中小城市	单一门槛检验	12.972***	0.000	9.179	5.227	3.412
	双重门槛检验	11.478***	0.010	11.788	7.063	5.428
	三重门槛检验	6.803**	0.030	11.527	5.520	3.646
大城市	单一门槛检验	5.248	0.107	13.549	7.292	5.796
	双重门槛检验	6.288**	0.020	11.477	3.136	0.437
	三重门槛检验	5.156	0.143	14.603	8.672	6.352

注:* $p<0.10$,** $p<0.05$,*** $p<0.01$。

从回归结果(表7-8)可以看出,中小城市的回归结果与全国层面基本一致,综合中小城市第一门槛模型回归和双重门槛模型回归结果,其第一门槛值在61.3(万人)与143.0(万人)之间,当城市规模低于第一门槛值时,增加公共服务供给水平难以有效吸引人才流入;但当城市规模高于第一门槛值时,增加公共服务供给能显著吸引人才。大城市与东部地区的回归结果表现出了一定的相似性,这可能由于较多大城市位于东部地区。

表7-8 基于不同城市规模等级的门限回归检验结果

	中小城市		大城市	
	(1)	(2)	(3)	(4)
lnWAGE	0.213	0.116	0.187	0.264
lnINV	0.510***	0.488***	0.657***	0.604***
lnIND	−0.442**	−0.562***	−2.386***	−2.658***
L.lnLM	0.047	0.034	0.041	0.031
Q_1	0.072	0.077	−0.239	0.969
Q_2	3.605***	3.444***	1.271	−1.151*
Q_3		10.155***		−0.076
Constant	0.172	1.050	7.475***	8.736***
第一门槛值	4.115	4.963	6.337	5.090
	(61.3)	(143.0)	(565.1)	(162.4)
第二门槛值		4.115		5.234
		(61.3)		(187.5)

注:(1) $*p<0.10$,$**p<0.05$,$***p<0.01$;(2)括号中数字为门槛还原值。

第四节 本章小结

人才资源是城市竞争力的重要体现,本章针对为什么有些城市通过增加公共服务供给并未有效吸引人才流入这一现象,研究了公共服务、城市规模影响人才区位选择的公共服务效应和规模经济效应,并且利用 2011—2017 年 CMDS 微观数据匹配 244 个城市数据从全国层面、分区域层面及分城市等级进行了实证检验。结果表明:(1)城市规模对于公共服务影响人才区位具有非线性门槛效应,只有当城市规模满足一定门槛条件时,改善公共服务供给才能显著吸引人才流入;(2)全国层面的分析表明,当城市规模低于 100 万人的门槛值时,增加公共服务供给难以显著吸引人才流入,当城市规模超过 100 万人的门槛值时,增加公共服务供给会显著吸引人才流入;(3)分区域看,东部与中西部地区门槛条件具有异质性,东部地区城市人才流动呈现竞争效应,中西部地区城市人才流动呈现集聚效应;(4)分城市等级看,满足门槛条件时加大公共服务供给对于中小城市吸引人才效果明显;(5)更多的发展机会或者更高的公共服务投资水平有助于吸引人才流入,人才资源更倾向于流入第三产业领域,或许存在"脱实向虚"的配置倾向。需要说明的是,本章将公共服务质量以外生参数方式处理,现实中公共服务质量很大程度上受公共服务部门劳动力质量的影响,因此后续研究会考虑内生化公共服务质量;由于数据可得性,目前关于公共服务质量、可及性的指标刻画尚有进一步改进的空间。

综上,本章尝试提出以下建议:(1)科学把握公共服务对人才空间区位的影响作用,公共服务将成为影响人才区位的重要因子,因此要注重以更为优质和便捷高效的公共服务供给吸引人才,城市在"抢人大战"过程中要强化教育、医疗、文化等公共服务质量供给,推进公共服务领域质量变革;(2)综合评估公共服务与城市规模对人才区位的协同门槛影响,探索公共服务分区域、分城市等级动态协同供给机制,对于东部地区和大城市而言,要注重促进公共服务均等化、普惠化和便捷化,落实"公共服务与常住人口挂钩机制";(3)对于西部地区和中小城市而言,要加强公共财政支出匹配性和有效性,根据城市规模加大对中西部地区中心城市公共服务的支持力度,公共服务供给要动态适应人口空间流动趋势,努力促进公共服务供给布局优化、区域平衡、效益最优;(4)就业发展机会依旧是影响人才区位的重要因子,要统筹考虑人才区位、产业转型与城市发展趋势,按照以优质公共服务吸引人才、以人才促进产业转型升级、以产业转型升级带动城市繁荣的高质量发展逻辑,充分发挥区域比较优势,因地制宜优化产业布局,按技按需优化人才区位,分层分类引导人才在产业和区域之间合理有序流动,促进人才资源在不同产业、不同区域优化配置,防止人才资源过多流入第三产业领域,避免人才"脱实向虚"的配置倾向。

第八章
公共服务、人才区位与创新增长：知识溢出机制 *

第一节 引 言

中共二十大报告指出,教育、科技、人才是全面建设社会主义现代化国家的基础性、战略性支撑。必须坚持科技是第一生产力、人才是第一资源、创新是第一动力,深入实施科教兴国战略、人才强国战略、创新驱动发展战略。人力资源是科技创新的第一资源,也是推动区域产业发展、提升产业竞争力的重要力量。也正因为此,自 2017 年初武汉市"五年内留住百万大学生计划"打响"抢人大战"第一枪之后,先后有数百个城市出台了人才新政,囊括了从省级到县级的各级城市,"抢人大战"可谓全面开花,2018 年也被称为"中国城市人才竞争全面爆发的元年"。从各地政策层面来看,调整升级户籍制度则被视为招揽人才的

---

* 本章是在笔者合作发表的论文《地方品质、劳动力区位与区域创新发展——基于新空间经济学理论》(《西北人口》2020 年第 4 期)的基础上修改而成,感谢合作者的贡献。

"杀手锏"政策,"人来了就行""无门槛落户""先落户再就业""亲属可投靠"等花样政策夺人眼球。然而,2019年国家发改委发布的《关于培育发展现代化都市圈的指导意见》提出"放开放宽除个别超大城市(即城区常住人口超过1000万的城市)外的城市落户限制。"这被认为是我国户籍制度将出现根本改革的标志,意味着99%以上的城市将放开放宽落户限制。那么,如何能够深层次地揭示出"抢人大战"的理论逻辑呢?在放开放宽户籍政策背景下,仅靠一纸户口的"抢人"时代或将一去不返,未来凭借什么来吸引人力资源呢?

现实中公共服务是否影响人力资源空间重配呢?考虑到公共服务测量的准确性和数据的可得性,采用公共服务综合指标[①]来刻画我国城市公共服务与人口区位的相关性特征。从图8-1可见,对于迁入城市而言,公共服务水平越高,则迁入人口越多;对于迁出城市而言,公共服务水平越高,迁出人口越少。由此,现实经验数据支撑了公共服务对人力资源空间重配的影响作用。

那么,理论上公共服务是如何作用于人力资源空间重配的呢?纵观新近文献研究,主要集中在不可贸易品数量(质量)和获得不可贸易品的便捷性方面。一是在不可贸易品数量(质量)方面,Shilpi等(2014)利用尼泊尔2010年数

---

① 公共服务综合指标计算所涉及的具体指标和数据详见本章第三节,这里的人口迁移数据已做1%异常值的剔除处理。

第八章 公共服务、人才区位与创新增长:知识溢出机制

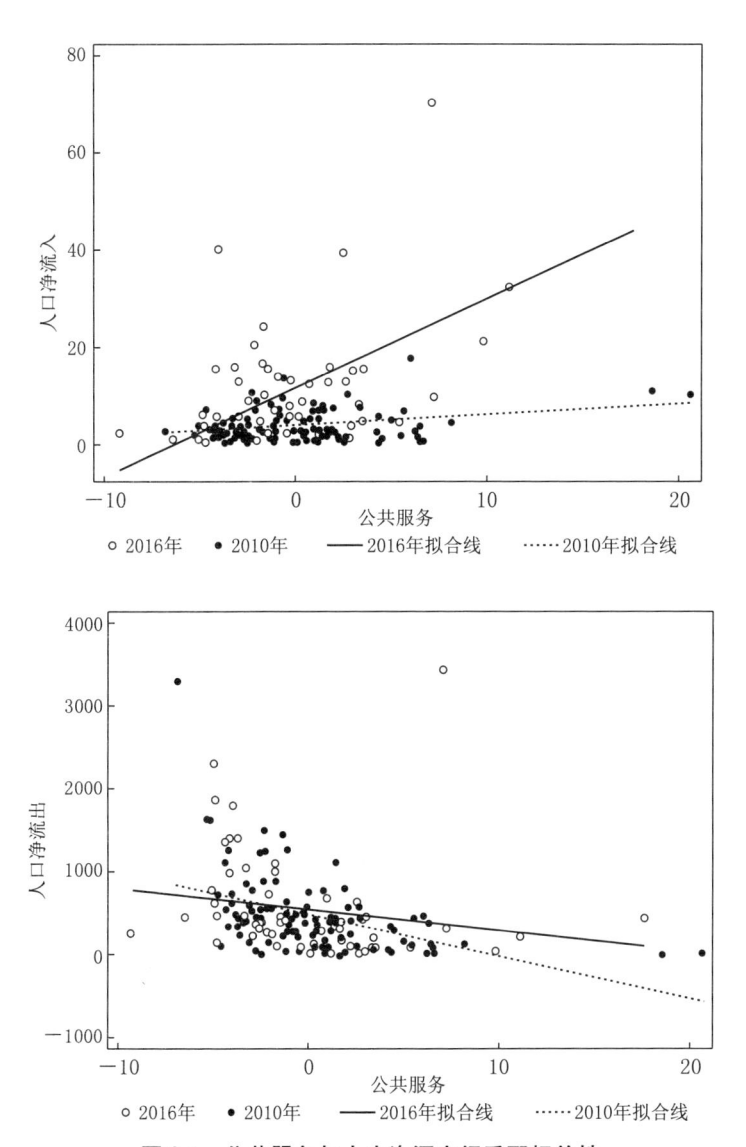

图 8-1 公共服务与人力资源空间重配相关性

据,发现公共基础设施和社会福利影响人口迁移;侯慧丽(2016)利用我国2014年数据,发现城市公共服务对流动人口具有吸引力,且城市规模越大,流动人口获得公共服务的可能性越大,居留意愿也越强;杨晓军(2017)利用我国2006—2014年的城市数据,实证发现城市医疗服务和文化服务对流动人口进入城市的影响显著;李一花等(2017)利用我国2005—2013年的城市数据发现教育、医疗等公共服务品供给对人口迁移有着显著促进作用。Diamond(2016)提出了一套反映公共服务的舒适度衡量指标,刘修岩和李松林(2017)、赵方和袁超文(2017)遵循了他的做法,选取生态环境、医疗教育卫生和气候条件等各类指标进行了细化研究。二是在获得不可贸易品的便捷性方面,区间和区内的交通成本或通勤成本是影响获得公共服务品便捷性的决定性因素,同时是人口迁移的重要影响因素之一。例如,Garcia-López等(2013)利用西班牙1991—2011年的数据,发现每条辐射高速公路造成中心城市人口减少了5%。杜旻和刘长全(2014)实证发现人均道路长度每增长1%,城市人口相应增长0.015%。

根据前面章节理论分析,人力资源空间重配会进一步影响创新增长,图8-2也印证了人力资源空间重配与创新增长的正相关关系。伴随着人口空间迁移流动,这种人口空间区位选择将对区域创新增长产生重要影响。目前大部分研究发现人口迁移有利于区域创新增长,尤其是高技能劳动力的迁移为迁入地提供了创新。综合来看,这方面研究

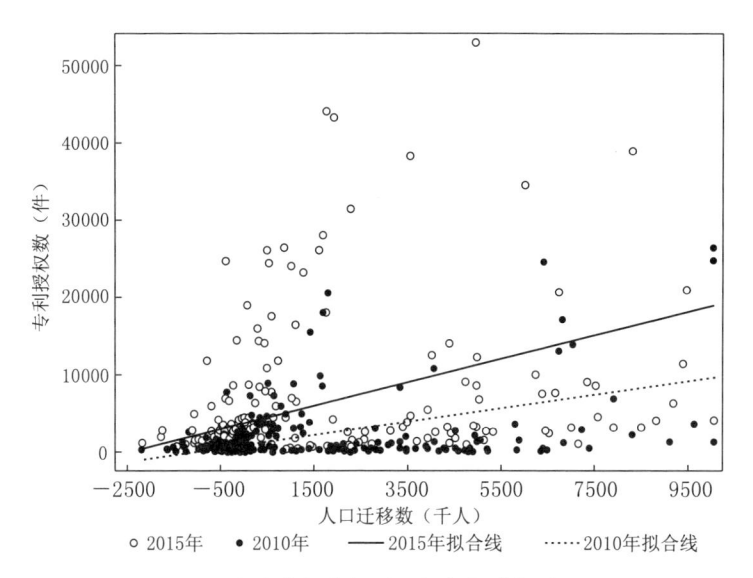

图 8-2 人力资源空间重配与创新增长关系图

多集中于实证研究,模型分析的空间仍很大。因此,本章试图构建一个基于异质性主体的经济地理模型,在探索公共服务品种类、质量和消费便捷性对异质性人力资源空间重配的基础上,进一步分析异质性主体迁移对于区域创新增长差异的影响。

第二节 理论模拟

一、理论模型构建

借鉴杨开忠等(2019)的研究,构建一个东西两区域、三部门和三要素经济地理增长理论模型。设定经济系统中有两个区域,分别为东部(N)和西部(S),东部变量用 n 标注,西部变量则用 s 标注;三个部门分别为产业部门(T)、不可贸易公共服务部门(G)和人力资本创造部门(H);三种生产要素分别为资本(K)、异质性劳动力(H)和同质性劳动力(L),并且假设异质性劳动力可在区间流动,而资本与同质性劳动力不可在区间流动。假设全社会同质性劳动力总量为 L^w,且令 $L^w = 1$;全社会初始异质性劳动力总量为 H^w,东部异质性劳动力禀赋为 H_n,西部异质性劳动力禀赋为 H_s,同样令 $H^w = 1$,则东部异质性劳动力份额为 $s_{Hn} = H_n/H^w$;假设初始物资资本总量为 K^w,东西两区域初始同质性劳动力禀赋份额与资本禀赋份额相同。东部和西部公共服务份额分别为 s_n 和 s_s。此外,假设东部收入为 E_n,且占全社会总收入份额为 s_{En};西部收入为 E_s,份额为 s_{Es};全社会总收入为 E^w,并令 $E^w = 1$。

(一) 消费者效用函数

消费者当期效用函数采用柯布—道格拉斯型表示,包含产业部门产品消费量 C^T、多样化公共服务消费量 C^{NT} 和地方生态环境条件 A[①]。以东部代表性消费者为例,其效用函数表示为:

---

① 地方生态环境是影响微观个体迁移决策的重要因素,也是地方品质的重要组成部分。这里,地方生态环境主要指自然禀赋,包括温湿度、绿化率、降水量、光照及空气质量等,设定为 A。

第八章　公共服务、人才区位与创新增长：知识溢出机制

$$U_{H,L} = A(C^T/\alpha_T)^{\alpha_T} \left(\left(q_n \left(\int_{i=0}^{n_n} C_{ni}^{NT^\rho} di \right) \right. \right.$$
$$\left. \left. + q_s \left(\int_{i=0}^{n_s} C_{si}^{NT^\rho} di \right) \right)^{\frac{1}{\rho}} / (1-\alpha_T) \right)^{1-\alpha_T} \quad (8-1)$$

效用函数中，α_T 表示总收入中产业部门产品支出份额，$1-\alpha_T$ 表示总收入中公共服务支出份额；多样化公共服务消费的效用函数为 CES 效用函数，q_n 和 q_s 分别表示东部和西部公共服务质量。C_{ni}^{NT} 为第 i 种产品消费量，n_n 表示东部公共服务种类数，n_s 表示西部公共服务种类数；σ 表示差异化服务品替代弹性，满足 $\rho = \sigma/(\sigma-1)$。区域公共服务可以理解为公共服务数量、质量及其消费便捷性的综合。

(二) 可贸易品部门

假设可贸易品部门以 D-S 垄断竞争和规模报酬递增为特征，以流动劳动力与资本为生产要素进行生产，每个企业雇佣一单位流动劳动力和若干资本只生产一种差异化可贸易品，并将流动劳动力作为固定投入，流动劳动力所具有的人力资本 a_i 决定企业效率。这样，可贸易品生产结构表示为：

$$Y_T = f(H,K) = H + a_i K \quad (8-2)$$

参照 Baldwin 和 Okubo(2006)的异质性设定，假设人力资本 a_i 为帕累托累计概率分布函数：$G[a] = a^k/a_0^k$，其中，k 为形状参数，a 为人力资本，表示企业生产的边际投入，显然 a 越小表示人力资本 i 的生产率越高，a_0 表示效率

最低异质性劳动力 i 的边际劳动投入。假设初始异质性人力资本 a 在两区域具有对称分布特征。与以往大多研究不同的是，忽略可贸易品交易成本，两区域消费者以相同价格消费任意地区可贸易品①。

(三) 不可贸易公共服务部门

不可贸易公共服务是影响劳动力流动的重要因素。假设不可贸易公共服务部门以规模报酬递增和垄断竞争为特征，生产要素为非流动劳动力和资本，生产结构如下：

$$Y_{NT} = f(L,K) = L + a_S K \quad (8-3)$$

生产差异化不可贸易公共服务品需要一单位非流动劳动力作为固定成本，a_S 单位资本作为可变成本。假设不可贸易公共服务品在区域之间不可贸易，且消费地方不可贸易公共服务品存在额外费用，这种成本主要衡量不可贸易公共服务品消费可及性。东部消费者消费东部区域内一单位不可贸易公共服务品，需要支付 τ_{NTnn} ($\tau_{NTnn} \geq 1$) 倍费用，即面临的销售价格 $\tau_{NTnn} \bar{p}_{NTn}$，$\bar{p}_{NTn}$ 为东部不可贸易公共服务品出厂价格，$(\tau_{NTnn} - 1) \bar{p}_{NTn}$ 代表获得该服务品额外支付费用；东部消费者消费西部区域内一单位不可贸易公共服务品面临的销售价格为 $\tau_{NTsn} \bar{p}_{NTs}$，$\bar{p}_{NTs}$ 为西部不可贸易公

---

① 随着交通基础设施和现代物流业的快速发展，传统运输成本对于劳动力区位选择的影响已经越来越小。当然，即使考虑可贸易品运输成本也并不会改变模型结论。

共服务品出厂价格;西部消费者消费西部区域内一单位不可贸易公共服务品面临的销售价格为 $\tau_{NTss}\bar{p}_{NTs}$;西部消费者消费东部区域内一单位不可贸易公共服务品面临的销售价格为 $\tau_{NTns}\bar{p}_{NTn}$。

(四) 知识溢出机制

假设两区域创新增长部门将部分收入用来提升人力资本,东部提升一单位人力资本需要消耗 a_{In} 单位资本,即形成成本为 $F_n = a_{In}$。同样,西部人力资本形成成本用 $F_s = a_{Is}$ 表示。这里人力资本形成可以理解为教育部门培育人力资本,这种人力资本可以通过积累来支持新人力资本的形成并不断降低人力资本形成成本。东部人力资本形成效率可表示为 $a_{In} = \eta_n/H_n$,西部人力资本形成效率可表示为 $a_{Is} = \eta_s/H_s$,式中 η_n 和 η_s 分别为东部和西部人力资本形成效率系数。

在上述假设基础上,构建分析公共服务影响劳动力区位、区域创新增长的新空间经济学模型,主要机制是流动劳动力会依据公共服务进行区位决策,劳动力区位决策进一步影响创新增长。

(五) 均衡分析

下面构建分析公共服务影响异质性劳动力迁移、创新增长率及其区域差异的经济地理增长模型。大致来讲,异质性劳动力会对比两区域生态环境以及公共服务数量、质量及其区内和区际消费便捷性进行迁移决策,劳动力迁移影响创新,进而影响创新增长率。通过计算可得西部异质

性劳动力 i 迁移后间接效用函数之比为：

$$\Delta V_i = \frac{w_{Hni}}{w_{Hsi}} \eta \left[\frac{\phi_{ns} s_n q_n^\sigma a_{Sn}^{1-\sigma} + \phi_{ss}(1-s_n) q_s^\sigma a_{Ss}^{1-\sigma}}{\phi_{nn} s_n q_n^\sigma a_{Sn}^{1-\sigma} + \phi_{sn}(1-s_n) q_s^\sigma a_{Ss}^{1-\sigma}} \right]^{\frac{1}{1-\sigma}} \eta - \gamma G(a_H)$$

(8-4)

其中，东部与西部区域生态环境条件满足 $A_n/A_s = \eta$，为简化设定 $a_{Sn} = a_{Ss} = 1$。进一步地，由 $\Delta V_H = \chi$，求解临界迁移人力资本为：

$$a_H = \gamma^{-1/k} (\Delta V)^{1/k} \quad (8\text{-}5)$$

根据创新部门设定，当经济系统实现均衡时，两区域人力资本成本都等于人力资本收益，均衡条件如下表示：

$$q = v/F, \quad q^* = v^*/F^* \quad (8\text{-}6)$$

其中，q 是人力资本收益与人力资本成本比率，即托宾 q 值。v 表示人力资本收益，F 表示人力资本成本。进一步可求得东部与西部区域创新增长率为：

$$g = \frac{[s_H + (1-s_H)a_H^v]bE^w}{\eta_n} - \rho$$

$$g^* = \frac{(1-s_H)(1-a_H^v)bE^w}{\eta_s} - \rho$$

(8-7)

基于上节均衡分析理论，下面主要探讨生态环境以及公共服务数量、质量及其消费便捷性对临界迁出异质性劳动力人力资本水平、两区域福利比、东部异质性劳动力份额、两区域创新增长率及其差异的影响,并且进行动态模拟分析①。

二、动态模拟分析

(一) 生态环境分析

在其他变量不变情况下,设定 $\eta\in[1,3]$,并令 s_n 分别为 0.5、0.6 和 0.7,模拟结果见图 8-3。随着东部生态环境的改善,西部异质性劳动力迁出越来越多,东西两区域福利比和东部异质性劳动力份额逐渐提高,并且较多的东部公共服务数量会更加强化这一迁移决策。同时,随着 η 的增大,东部创新增长率提高,西部创新增长率则减少,因此扩大了两区域的创新发展差异。

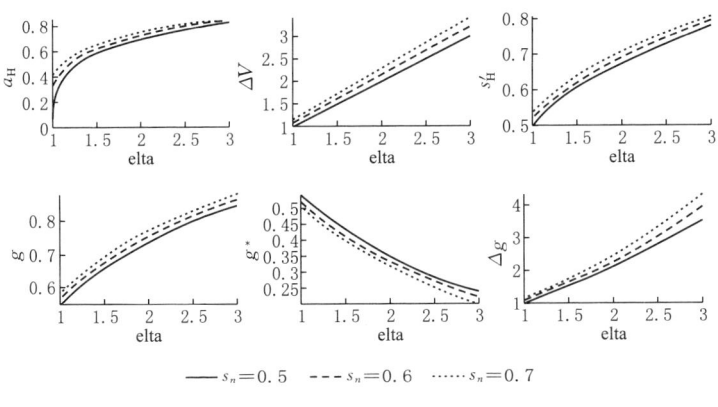

图 8-3 生态环境影响关系图

---

① 结合已有理论基础和研究需要,初始设定 $q_s=1$、$q_n=1$、差异化服务品替代弹性 $\sigma=3$、形状参数 $k=3$、区内消费便捷性特征 $\phi_{nn}=\phi_{ss}=\phi=1$、区际消费便捷性特征 $\phi_{sn}=\phi_{ns}=\phi^*=0.5$、东部与西部环境气候条件比 $\eta=1$。

(二) 公共服务数量和质量分析

在其他变量不变的情况下,设定 $q_s \in [0.1, 0.8]$,并令 s_n 分别为 0.4、0.5 和 0.6,模拟结果见图 8-4。随着西部公共服务质量的提高,西部异质性劳动力流失人数会不断减少,有利于西部创新增长,不断缩小与东部区域的创新增长差异。当然,在东部公共服务条件较高的情况下,东部公共服务数量的增加会强化东部经济和弱化西部经济,因此在一定程度上扩大两区域的创新增长差异。

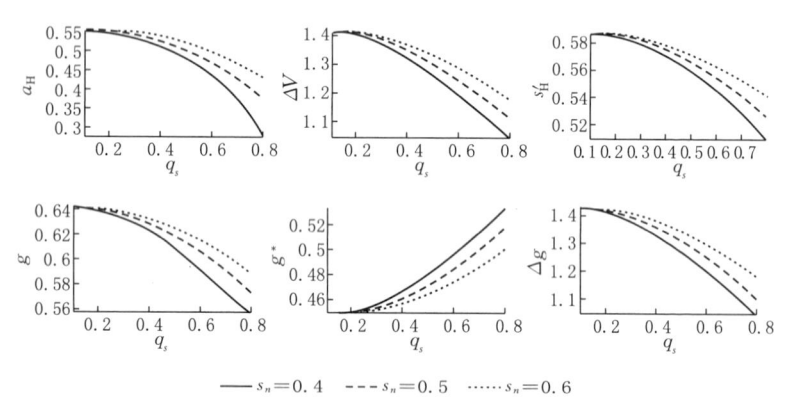

图 8-4 西部公共服务质量影响关系图

在其他变量不变的情况下,设定 $s_s \in [0.1, 0.8]$,并令 q_s 分别为 0.4、0.5 和 0.6,模拟结果见图 8-5。随着西部公共服务数量的增加,东西部福利比逐步缩小,西部异质性劳动力流失人数随之不断减少,西部创新增长率提高,东部创新增长率降低,因此两区域创新增长差异会不断缩小。当然,在东部公共服务条件较高的情况下,西部公共服务质量的提高同样会强化西部经济和弱化东部经济,因此在一定程度上缩小两区域的创新增长差异。

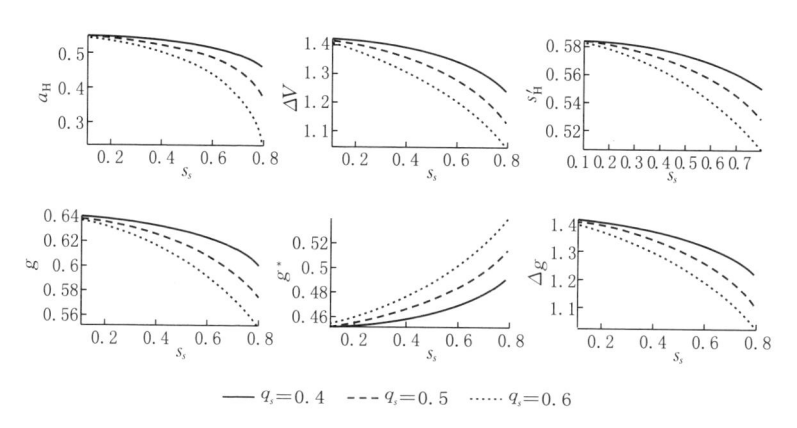

图 8-5 西部公共服务数量影响关系图

(三) 公共服务区内消费便捷性分析

在其他变量不变的情况下,设定 $\phi_{nn} \in [0.5, 0.9]$,并令 s_n 分别为 0.5、0.6 和 0.7,且 $\phi_{ss} = 0.5$,模拟结果见图 8-6。

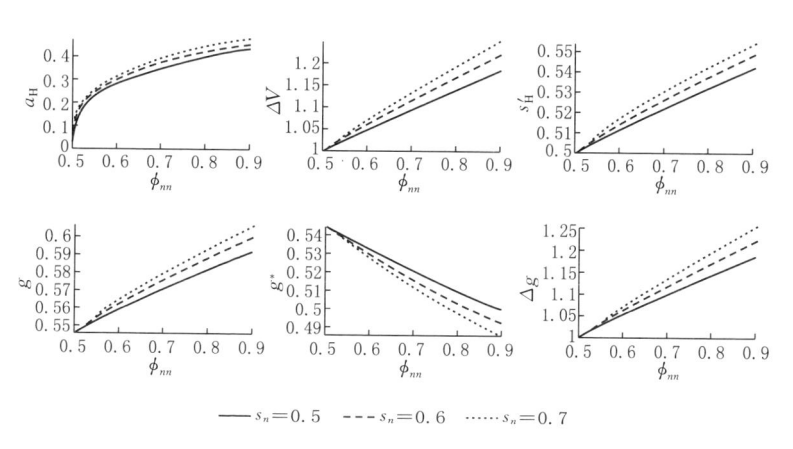

图 8-6 东部区域内消费便捷性特征影响关系图

可见,随着东部区域内消费便捷性的提高,东西两区域异质性劳动力福利比、西部异质性劳动力迁移和两区域创新增长差异等变动趋势皆呈扩大趋势,其原因在于此时东部的区域内消费便捷性和公共服务质量都不断地优于西部,而西部的这些条件则未变。

在其他变量不变的情况下,设定 $\phi_{ss} \in [0.5, 0.9]$,并令 s_n 分别为 0.5、0.6 和 0.7,且 $\phi_{mn}=1$,模拟结果见图 8-7。可见,随着西部区域内消费便捷性的提高,东西两区域异质性劳动力福利比、西部异质性劳动力迁移和两区域创新增长差异等变动趋势皆呈缩小趋势,其主要原因在于此时西部的区域内消费便捷性在不断改善。这表明,即使东部的区域内消费便捷性、公共服务质量皆优于西部,只要改善西部的区域内消费便捷性,西部就能在一定程度上留住异质性劳动力、提高创新增长率,从而缩小与东部区域的创新发展差异。

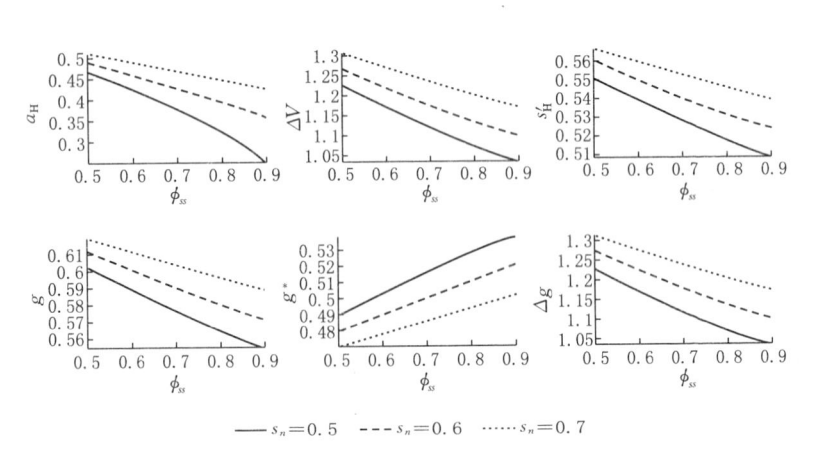

图 8-7 西部区域内消费便捷性特征影响关系图

第八章 公共服务、人才区位与创新增长：知识溢出机制

（四）公共服务区际消费便捷性分析

在其他变量不变的情况下，设定 $\phi_{ns} \in [0.5, 0.9]$，并令 s_n 分别为 0.5、0.6 和 0.7，且 $\phi_{sn} = 1$，模拟结果见图 8-8。可见，随着西部消费者消费东部公共服务品的区际便捷性提高，两区域异质性劳动力福利比、西部异质性劳动力迁移和两区域创新增长差异等变动趋势皆呈缩小趋势。这表明，只要西部消费者可以更为便捷地消费到更多的公共服务，西部区域就能在一定程度上留住异质性劳动力、提高创新增长率，从而缩小与东部区域的创新增长差异。

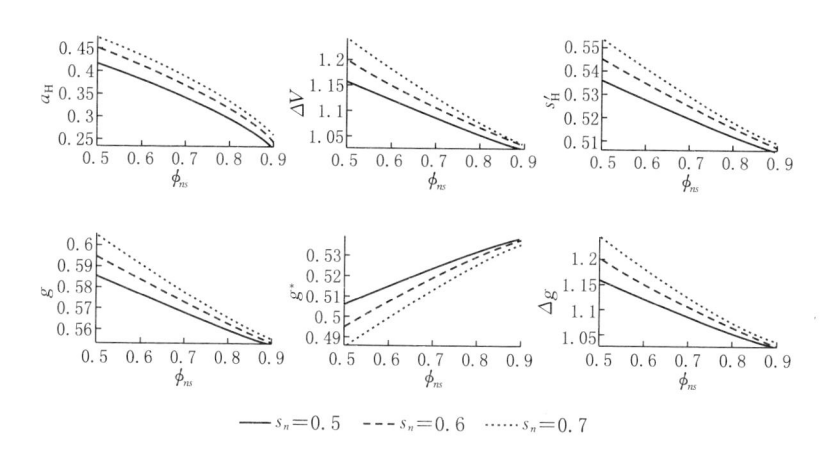

图 8-8 西部消费东部公共服务品区际便捷性特征影响关系图

在其他变量不变的情况下，设定 $\phi_{sn} \in [0.5, 0.9]$，并令 s_n 分别为 0.5、0.6 和 0.7，且 $\phi_{ns} = 0.5$，模拟结果见图 8-9。可见，随着东部消费者消费西部公共服务品的区际便捷性提高，两区域异质性劳动力福利比、西部异质性人口迁移和

两区域创新增长差异等变动趋势皆呈扩大趋势。

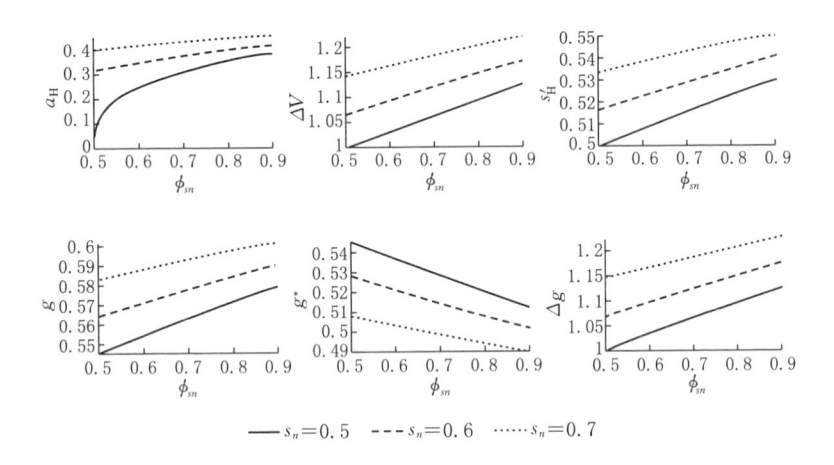

图8-9 东部消费西部公共服务品区际便捷性特征影响关系图

第三节 实证检验

本节将在上述理论模型和数值模拟基础上,选取2010—2016年我国268个地级市的数据实证检验公共服务对人口区位和区域创新增长的影响,进一步揭示人口区位和区域创新的现实逻辑。

一、实证策略

实证策略仍然遵循公共服务影响人口区位,进而影响区域创新的逻辑,因此本节分两步进行实证检验。首先,选取泊松回归对公共服务和人口区位进行实证,实证模型的

第八章　公共服务、人才区位与创新增长：知识溢出机制

表达式如下：

$$E(PM|LQ, CON) = \exp(\alpha_0 + \alpha_1 LQ + \alpha_2 CON) \quad (8-8)$$

式中 PM 表示人口区位，LQ 和 CON 分别表示公共服务和控制变量。其中，公共服务包括教育、医疗、文化、交通、环境和住房等，控制变量包括工资、人口和投资水平等影响人口区位的其他可能因素。

然后，再对人口区位影响区域创新进行实证分析。由于创新增长的 Moran's I 存在显著正空间相关性，又考虑到人口区位对本地发展和周边地区发展都有可能产生影响，因此本节将采用空间自回归模型（SAR）和空间杜宾回归模型（SDM）进行实证，表达式如下：

$$GROW_{SAR} = \rho WGROW + \beta_1 PM + \beta_2 CON + \varepsilon \quad (8-9)$$

$$GROW_{SDM} = \rho WGROW + \beta_1 PM + \gamma_1 WPM \\ + \beta_2 CON + \gamma_2 WCON + \varepsilon \quad (8-10)$$

式（8-9）和（8-10）分别是空间自回归模型（SAR）和空间杜宾模型（SDM），式中 $GROW$ 表示区域创新，W 表示空间矩阵，这里选用距离矩阵和邻接矩阵，u 则表示随机分布项。

二、数据说明

本节选取 2010—2016 年我国 268 个地级市的数据进行实证回归。考虑到数据可得性，选取年末常住人口与户籍

人口差值刻画人口区位,区分迁入人口(Outflow)和迁出人口(Inflow),并且分别作为泊松回归的因变量。值得说明的是,人力资本不同的人口会形成异质性人口分布,并且这里采用总量概念表示人口区位。选取迁入人口作为因变量意味着选取的皆是迁入城市,而选取迁出人口作为因变量则意味着选取的皆是迁出城市。

在公共服务指标选取方面,大多数学者都考虑到教育、医疗、文化、交通和环境领域的公共服务,如李一花等(2015)、杨晓军(2017)等,但本节将在上述领域基础上加入"住房",因此本节公共服务指标涵盖教育、医疗、文化、交通、环境和住房领域,具体指标选取如下:(1)教育指标(EDU),选取在校大学生数占年末总人口比重(%),高等教育是公共教育的最高阶段,基础教育成果将最终反映在该阶段,而大学生又是高校的主体,并且通常大学生越多的地方,高校数量和高校教师数量也会越多;(2)医疗指标(HEA),选取医生(包括执业医师和执业助理医师)数(人),该指标从人口角度反映公共医疗水平,较之医院及卫生院数、医院及卫生院床位数等指标更为基础;(3)文化指标(CUL),选取每百人公共图书馆藏书(册/件),文化服务方面的指标较少且缺失严重,考虑到数据的可得性,选取该指标作为代理变量;(4)交通指标(TRA),选取每万人城市年末实有道路面积(百万平方米),道路是城市交通的基础,且完全由政府主导,故能够最大程度刻画出城市公共交通服务;(5)环境指标(ENV),选取生活垃圾无害化处理率(%),

该指标不仅能反映出居民的生活环境,而且能刻画出政府的环境治理水平,而绿地面积、建成区绿化覆盖面积和覆盖率等类似指标(杨晓军,2017)难以较好地刻画政府环境治理水平,每平方千米二氧化硫排放量和每平方千米工业烟尘排放量等类似指标(李一花等,2015)则与经济因素更为相关,故本节未选取;(6)住房指标(HOU),选取商品房销售价格(元/平方米),政府主导的公租房、人才公寓和住房补贴等住房领域的公共服务与地区商品房销售价格密切相关,且商品房销售价格越高往往政府会提供的公租房、人才公寓和住房补贴等住房公共服务越多。

除了公共服务,影响人口区位的因素还有很多,一般包括工资、人口密度和投资水平等,这些控制变量分别选取在岗职工平均工资(元)、人口密度(万人/平方千米)和固定资产投资(百万)等指标,并且这些控制变量还会影响创新增长。上述指标的相关数据皆来源于《中国城市统计年鉴》和EPS数据库。

本节建模时采用内生增长模型,因此在采用空间模型进行实证检验人口区位对区域创新的影响时,选取能够反映创新的授权专利数(件)作为被解释变量,用以刻画区域创新,该数据来源于 PatSnap 平台。在空间模型回归时,核心变量是人口区位,选取指标为所有样本的迁移人口数据。

考虑到采用单一公共服务指标的不完整性,还采用主成分分析法(PCA)做了公共服务综合指标。在做主成分分析时,选取其第一主成分的得分值放入实证模型中,并且所得 KMO 系数大于 0.7,表明该指标的拟合度比较令人满意。同时,在空间模型回归时,本节采用 mi impute 方法填补了少量缺失值。为了便于比较,对所有数据做了标准化处理。

三、实证结果

(一) 公共服务与人口区位实证分析

基于上述实证设计,通过泊松回归讨论公共服务对人口区位的影响,并且考虑到衡量公共服务的各代理变量之间存在一定相关性,直接放入回归模型中会存在多重共线性,因此本节先就某一领域的公共服务进行回归分析。首先以迁入城市做基准回归,从基准回归结果来看(见表8-1),在控制工资、人口密度和投资水平的基础上,列(1)—(5)的公共服务均与迁入人口呈正相关,并且对迁入人口影响显著(除环境以外),这意味着迁入城市教育、医疗、文化、交通、环境和住房等公共服务越好,迁入人口越多;同时,工资越高、人口密度越低、投资水平越高,人口迁入越多。这一结论符合公共服务的提高会吸引人口迁入的理论推断。

其次以迁出城市做稳健性检验,从回归结果来看(见表8-2),所得结果与基准回归结果相差不多,列(1)—(5)的公共服务均与迁出人口呈显著负相关,这意味着迁出城市教育、医疗、文化、交通、环境和住房等公共服务越好,迁出人口越少。这一结论符合公共服务的提高会抑制人口迁出的理论推断。

第八章 公共服务、人才区位与创新增长:知识溢出机制

表 8-1 公共服务与人口区位的基准回归结果(泊松回归)

	(1)	(2)	(3)	(4)	(5)	(6)
EDU	0.194***					
	(18.28)					
HEA		0.200***				
		(15.43)				
CUL			0.112***			
			(9.04)			
ENV				0.0152		
				(0.95)		
TRA					0.127***	
					(9.14)	
HOU						0.160***
						(10.54)
POP	−0.058***	−0.041**	−0.008	−0.031*	−0.072***	−0.074***
	(−3.87)	(−2.86)	(−0.53)	(−2.12)	(−4.69)	(−4.84)
WAGE	0.206***	0.187***	0.213***	0.249***	0.216***	0.130***
	(14.96)	(13.35)	(15.11)	(18.49)	(14.61)	(7.4)
INV	0.358***	0.363***	0.388***	0.379***	0.377***	0.380***
	(97.22)	(99.08)	(105.29)	(105.75)	(104.73)	(104.38)
_cons	1.746***	1.746***	1.751***	1.773***	1.747***	1.746***
	(112.46)	(113.69)	(114.2)	(115.53)	(111.48)	(109.79)
N	771	785	783	763	755	730

注:(1) 括号内为 t 值;(2) * $p<0.05$,** $p<0.01$,*** $p<0.001$。

表8-2　公共服务与人口区位的稳健性检验结果(泊松回归)

	(1)	(2)	(3)	(4)	(5)	(6)
EDU	-0.385***					
	(-159.91)					
HEA		-0.594***				
		(-250.80)				
CUL			-0.384***			
			(-158.78)			
ENV				-0.066***		
				(-42.89)		
TRA					-0.670***	
					(-257.40)	
HOU						-0.050***
						(-22.36)
_cons	6.100***	6.026***	6.100***	6.146***	5.997***	6.143***
	(3438.65)	(3188.87)	(3458.13)	(3622.27)	(3021.08)	(3527.69)
控制变量	控制	控制	控制	控制	控制	控制
N	793	808	806	786	777	753

注:(1)括号内为t值;(2) * $p<0.05$,** $p<0.01$,*** $p<0.001$。

然后,进一步对公共服务综合指标进行泊松回归分析。从表8-3可以看出,无论是否控制影响人口迁入或迁出的其他因素,列(1)和(2)的公共服务均与迁入人口呈显著正相关,而列(3)和(4)的公共服务均与迁出人口呈显著负相关,这意味着公共服务越好,迁入人口越多,而迁出人口越少。这一结论同样验证了公共服务影响人口区位的理论推断。

表 8-3 公共服务综合指标与人口区位实证结果(泊松回归)

	(1)	(2)	(3)	(4)
	迁入	迁入	迁出	迁出
LQ	0.106***	0.056***	−0.100***	−0.150***
	(49.45)	(17.74)	(−207.05)	(−248.20)
控制变量	未控制	控制	未控制	控制
N	673	671	694	692

注:(1) 括号内为 t 值;(2) * $p<0.05$, ** $p<0.01$, *** $p<0.001$;(3) 限于篇幅,控制变量结果并非本节讨论重点,这里不作汇报。

(二) 人口区位与区域创新增长实证结果

基于上述实证设计,本节进一步通过空间模型讨论人口区位对区域创新的影响。首先采用距离矩阵做基准回归,表 8-4 中列(1)和(3)是 2010 年数据回归结果,列(2)和(4)是 2015 年数据回归结果,从结果可以看出人口区位对区域创新呈显著正向影响,并且两年回归结果基本一致,这意味着人口越多,区域创新越好;并且列(3)显示,人口区位对周边区域创新产生显著正向影响;但是根据列(4)回归结果,人口区位并未对邻接区域创新产生显著影响。

本节进一步采用标准化邻接矩阵替换距离矩阵做稳健性检验,表 8-5 中列(1)和(3)是 2010 年数据回归结果,列(2)和(4)是 2015 年数据回归结果,从稳健性检验结果同样可以看出人口区位对区域创新呈显著正向影响,且两年回归结果基本一致;但是根据列(4)回归结果,人口区位并未对邻接区域创新产生显著影响。

表 8-4 人口区位影响创新增长的基准回归结果(空间模型)

	SAR		SDM	
	(1)	(2)	(3)	(4)
PM	0.244***	0.139**	0.239***	0.143**
	(4.552)	(2.922)	(0.053)	(0.046)
WAGE	0.320***	0.303***	0.310***	0.238***
	(5.594)	(5.998)	(0.063)	(0.062)
INV	0.210**	0.377***	0.228***	0.417***
	(3.279)	(7.513)	(0.065)	(0.051)
POP	0.223***	0.227***	0.302***	0.329***
	(4.414)	(4.864)	(0.067)	(0.056)
_cons	0.007	0.006	0.061	0.058
	(0.141)	(0.150)	(0.048)	(0.045)
rho	0.343***	0.390***	0.424***	0.570***
	(3.958)	(5.249)	(0.109)	(0.090)
W*PM	—	—	0.376*	-0.076
	—	—	(0.203)	(0.168)
R^2	0.502	0.603	0.550	0.642
Log-1	-208.84	-170.73	—	—

注:(1) 括号内为 t 值;(2) * $p<0.05$,** $p<0.01$,*** $p<0.001$;(3) 限于篇幅,控制变量的溢出结果并非本节讨论重点,这里不作汇报。

表 8-5 人口区位影响创新增长的稳健性检验结果(空间模型)

	SAR (1)	SAR (2)	SDM (3)	SDM (4)
PM	0.254***	0.134**	0.233***	0.133**
	(4.692)	(2.809)	(0.054)	(0.045)
WAGE	0.334***	0.327***	0.305***	0.238***
	(5.853)	(6.623)	(0.064)	(0.060)
INV	0.199**	0.367***	0.235***	0.420***
	(3.069)	(7.280)	(0.066)	(0.050)
POP	0.224***	0.222***	0.313***	0.312***
	(4.311)	(4.669)	(0.072)	(0.059)
_cons	0.042	0.051	0.042	0.050
	(0.922)	(1.296)	(0.046)	(0.040)
rho	0.226**	0.311***	0.339***	0.474***
	(3.140)	(5.198)	(0.085)	(0.079)
W*PM	—	—	0.105	0.006
	—	—	(0.128)	(0.104)
R^2	0.499	0.601	0.531	0.644
Log-1	-211.55	-172.59	—	—

注:(1) 括号内为 t 值;(2) * $p<0.05$,** $p<0.01$,*** $p<0.001$;(3) 限于篇幅,控制变量的溢出结果并非本节讨论重点,这里不作汇报。

第四节 本章小结

本章通过构建理论模型,运用数值模拟方法分析了公共服务对人口区位和区域创新的影响,并且选取2010—2016年我国268个地级市的数据进行了实证检验。主要结论有:(1)区域生态环境的改善有助于吸引异质性人口迁入,并且提高本区域创新增长水平,同时扩大东西两区域创新增长差异;(2)区域公共服务品质量的提高或规模的扩大均会吸引异质性人口迁入,并且有助于提高本区域创新增长率;(3)本区域公共服务品区内消费便捷性或区际消费(消费另一区域公共服务品)便捷性的提高均会抑制异质性人口流失、吸引异质性人口迁入,进而提高本区域创新增长水平;(4)同步提高公共服务品东部抵达西部和西部抵达东部的区际消费便捷性会缩小东西两区域人口福利比和创新增长差异,而同步提高西部和东部的区内公共服务品消费便捷性却会扩大东西两区域异质性人口福利比和创新增长差异。

第九章　结　语

习近平总书记指出"人力资源是构建新发展格局的重要依托"。目前我国人力资源丰富,根据国家统计局统计,劳动年龄人口总量保持在9亿人左右的规模,拥有1.7亿多受过高等教育或拥有各类专业技能的人才。人力资源作为创新的核心力量,是决定产业升级和区域发展的关键因素,吸引人力资源的一个关键是打造和提升公共服务。本书尝试突破以往对人口区位选择机制研究忽略微观主体异质性及缺乏系统性和时代性的研究路径,在总结和借鉴已有人才区位选择研究基础上,结合新时代特征,构建基于公共服务的异质性人口区位选择理论,深入剖析公共服务对异质性人口区位选择的影响机制,同时剖析人口区位、公共服务(特别是教育领域)对创新增长的影响机制,并结合我国面板数据开展丰富的实证研究,为科学把握新时代人口区位选择和创新驱动发展提供一个理论视角和经验支撑。最后为新时代人才培育、引才聚才及区域创新驱动发展提出政策建议。

第一节　研究启示

一、公共服务影响人口区位具有经验事实

本书针对传统劳动经济学、空间经济学所揭示的异质性人口选择分类效应在中国"失灵"之现象，立足人民对美好生活的向往，基于新空间经济学提出决定异质性人口区位的公共服务效应，利用微观数据和城市数据匹配分析发现，全国、区域及不同城市规模层面的实证结果均检验了公共服务效应对人口区位的作用，这种作用在东部和特大城市更为明显，对高技能人口区位影响更大；最后借助门槛模型分析了两个维度公共服务的非线性耦合作用，揭示了公共服务对不同技能人口的异质性作用。结论表明，尽管个体具有技能异质性，但个体区位选择都具有公共服务偏好，改善公共服务供给水平、按技按需优化人口区位不仅是实现人力资源空间最优配置机制的现实需要，也是适应我国社会主要矛盾转化的内在要求。

二、公共服务影响人口"双向流动"机理复杂

本书以我国创新驱动与高质量发展为背景，通过构建一个微观异质性经济地理模型，具体分析生态环境、公共服务品数量质量及其消费便捷性及迁移成本对异质性人才区位选择的影响。研究发现：生态环境、公共服务及住房供给

的改善均会增进人才福利,进而吸引人才迁入;异质性人才面临区间相同不可贸易服务品质量时,其区位选择呈单向"流动"态势;当面临差异化区域不可贸易服务品质量时,将打破人才单向"流动"情形出现双向流动"转折点",呈现"迁出"与"回流"双向流动态势;不可贸易服务品质量、种类及其消费便捷性共同影响"转折点",提高不可贸易服务品种类、改善区内消费便捷性都会前移"转折点",有助于吸引人才"回流",改善区际消费便捷性会缩小人口"迁出""回流"总体规模。研究结果对于吸引人才资源、促进区域创新驱动与高质量发展具有重要政策启示。

三、收入水平影响人口区位受公共服务中介影响

本书基于新空间经济学构建空间一般均衡模型,揭示了影响人口区位的公共服务和工资溢价的多重机制,通过采用微观数据匹配城市数据进行实证检验发现:(1)以公共服务品数量、质量及其可及性为代表的公共服务已成为影响人口区位选择的重要驱动因素;(2)工资溢价仍然对人口区位选择产生正向影响,并且在公共服务影响人口区位的过程中起到中介作用,该中介效应在东部地区大于在中西部地区,在中小城市大于在大城市;(3)公共服务和工资溢价对人口区位具有非线性耦合作用,即当公共服务每跨过一定门槛值时,工资溢价对人口区位的正向影响就会有一定增加。

四、公共服务是解释城市收缩扩张的有效视角

随着我国城镇化进程由加速发展阶段转向稳速发展阶段,城市"收缩"与"扩张"将是未来城市规模变化的主要特征,公共服务引致的人口空间区位选择将成为影响城市"收缩"与"扩张"的重要因素。本书研究发现:公共服务是影响城市"收缩"与"扩张"的重要机制,生态环境及教育医疗等公共服务数量较多、质量及其便捷性较好的城市呈现扩张态势,生态环境及教育医疗等公共服务数量、质量及其便捷性相对滞后的城市往往呈现收缩态势。此外,城市工资水平的改善有助于吸引人口迁入或抑制人口迁出;更大的城市人口规模和更好的发展潜力将导致城市更加集聚扩张。因此,改善生态环境、突出产业优势、优化公共服务以及提升本地公共服务数量、质量及其便捷性,进而打造精致城市是未来城市制胜之道。

五、公共服务对于创新增长具有重要驱动作用

人力资源是创新驱动与高质量发展的重要支撑。本书基于新空间经济学理论,立足"公共服务→人口区位→人力资本投资→创新增长"影响机制,在引入公共服务的基础上构建多区域空间创新增长模型,通过知识溢出和人力资本投资两条机制揭示了公共服务驱动创新增长的理论逻辑。基于知识溢出机制的研究发现:(1)区域生态环境的改善有助于吸引异质性人口迁入,并且提高本区域创新发展水平,

同时扩大东西两区域创新发展差异;(2)区域公共服务品质量的提高或规模的扩大均会吸引异质性人口迁入,并且有助于提高本区域创新发展率;(3)本区域公共服务品区内消费便捷性或区际消费(消费另一区域公共服务品)便捷性的提高均会抑制异质性人口流失、吸引异质性人口迁入,进而提高本区域创新发展水平;(4)同步提高公共服务品东部抵达西部和西部抵达东部的区际消费便捷性会缩小东西两区域人口福利比和创新增长差异,而同步提高西部和东部的区内公共服务品消费便捷性却会扩大东西两区域异质性人口福利比和创新增长差异。

基于人力资本投资机制的研究发现:公共服务与收入水平是决定技术创新人口空间适配的主要因素;技术创新人口流入有助于区域创新增长;较高的创新成本、预期耐心不足和创新人口收入不高抑制创新增长。通过实证表明,全国层面的检验结果符合理论预期,分区域层面的检验结果呈现一定区域异质性影响;公共服务会通过人力资源空间适配中介影响创新增长;个体异质性分析进一步检验了理论发现。

第二节　政策建议

一、树立"以人为本"理念,实施全面公共服务

近年来我国各省市和区域之间人才争夺战愈演愈烈,

未来一个时期,人口流动将更趋活跃,并会呈现出规模性和非平衡性的特征。可以看出,公共服务驱动的异质性人口区位选择模型,确实体现了公共服务是区域发展的关键,公共服务在人口区位选择中发挥了决定性作用,人口区位决定了创新企业的区位。受研究结论启发,为破解不平衡不充分发展难题,实现经济高质量发展和区域协调发展,对于区域而言关键就是最大限度引才聚才,而引才聚才的关键是打造和提升公共服务。要树立"以人为本"发展理念,紧扣新时代人民群众对美好生活向往的需要,充分识别人口内在个性化需求,从实体环境、不可贸易公共服务及消费便捷性等方面,实施包括全要素、全过程、全空间和全员参与的全面公共服务战略。要不断提升教育、医疗、文化、住房、交通等公共服务质量及其消费便捷性。

二、把握区域流动差异,制定因地按需政策

要科学把握公共服务对人口区位选择的影响机制,立足人口需求特征,综合评估城市公共服务与工资溢价对人口区位的作用,分地区和分城市规模开展公共服务供给机制,加强公共财政支出均衡性,加大对中西部地区城市公共服务扶持力度,实现公共服务供给布局合理优化,同时综合考虑人口的收入性补贴,更好地满足人民的生活需要。对于人口相对集聚的东部地区而言,要充分考虑区域本身公共服务承载力,切实承担起不可贸易公共服务的提供责任,强化本地不可贸易公共服务品多样性与服务质量,不断提

高城市公共服务水平。对于人口相对稀缺的中西部地区而言，要充分认识到市场在资源配置中的决定性作用，科学把握人才"回流"的理论逻辑，把提升区域内部品质和竞争力作为着力点，特别是改善人居生态环境、营商创业环境，提升教育、医疗、社会保障等不可贸易公共服务，争取能够在未来人才争夺战中赢得一席之地。

三、注重人力资源质量，强化人力资本投资

要注重人力资本投资长效机制，"抢人大战"本质上反映了人力资源稀缺，我国各类人力资本禀赋与发达国家相比仍有较大差距，要创造有利于人力资本积累的政策环境，持续增加教育和培训等方面公共投入，不断提高人力资本回报率，引导家庭和个人对自身人力资本进行持续投资，保持人力资本的持久竞争力；要探索人口空间知识溢出机制，经济发展不平衡的实质是人口空间分布的不平衡，人口的空间优化分布有利于打破经济发展区域间的不平衡，地方政府应该消除对于人才的恶性竞争，加强区域人口协作机制建设，促进人才在区域间的知识溢出作用。

四、突出规划前瞻预期，打造精致宜居城市

随着我国城镇化进程由前期加速推进阶段转向中后期稳步发展阶段，城市人口规模的分化将是城镇化后半段的典型特征。因此，基于公共服务视角的城市收缩与扩张机制研究，对于地方政府的政策制定具有重要的启示意义。

第一,我国经济发展由非均衡走向均衡的进程中,人口空间流动是必然选择,要科学、辩证认识城市收缩与扩张现象,透过现象深刻把握城市收缩与扩张的经济社会机制。第二,树立科学动态规划意识,突出规划前瞻性,学会"减量规划",坚决杜绝"人口流失"与"空间扩张"悖论重现;转变以往投资适应既定人口空间分布的战略,更加注重把握投资活动与人口空间动态变化的协同联动机制。第三,引入公共服务理念打造精致城市,是收缩背景下未来城市制胜之道。威海、兰州、焦作等城市已经开始践行。对于中小城市而言,要在改善生态人居环境,突出产业特色优势,优化本地公共服务,提升本地公共服务数量、质量和便捷性上下功夫。

五、破除各类障碍藩篱,释放巨大制度红利

要牢固树立"人才是第一资源"理念,树立正确的人才观,破除妨碍人口流动的各类障碍和制度藩篱,促进人口顺畅有序流动,充分发挥市场在人力资源流动配置中的决定性作用。要侧重构建人才吸引长效机制,随着人们对美好生活的更加向往,为人口提供更好的生活显然是城市吸引力的关键所在,不断提升教育、医疗、文化、就业、住房、交通等公共服务的规模、质量及其消费便捷性将是更持久、更有效的人才吸引政策,不断完善人才的吸引、保留和激励机制,优化工作环境和生活环境,创造更多有利于人才发展的机会。要建立全民覆盖、普惠共享、城乡一体的基本公共服

务均等化服务体系,保障不同群体的平等权益,充分发挥异质性人力资源在经济活动中的不同作用,按技按需引导优化人口区位,促进人口顺畅有序流动,实现人力资源空间最优配置和经济平衡充分发展。

第三节 研究展望

在人才区位与创新增长问题上,尽管本书的研究已经取得了一定进展,但只是一个开端,未来还有很大的研究空间可以开拓。

在理论层面,通过人口空间区位选择机制的整合研究,使得构建统筹考虑收入水平、空间影响、学习匹配、迁移摩擦及不可贸易品等综合作用的人口区位选择理论框架成为可能,人口区位选择综合理论框架将更加科学地解释现实问题。一是强化人口空间区位选择机制的整合研究。现有研究的融合性相对薄弱,现实中各种人口区位选择机制是协同融合的,因此要发展出一系列融合收入均等、空间交互、学习匹配、不可贸易品选择和迁移摩擦等共同作用的整合模型。二是强化微观个体的异质性研究。事实上现实中人们在进行空间区位选择时,不同个体的偏好、技能、收入、初始资产禀赋、家庭环境等都会影响选择结果,因此充分考虑微观个体的异质性将是一个重要研究方向。三是强化各类空间尺度模型研究。就目前来看,城乡之间的迁移流动已趋于减缓,城与城之间及城市内部的迁移流动将成为主要形式。因此,未来的研究重点应从城乡人口迁移流动研究拓展到城市之间及城市内部人口迁移流动研究,强调人口主动地进行空间区位选择。

在实践层面,我国人口众多、幅员辽阔,又是最大的发展中国家和经济转轨国家,经济活动中人口迁移流动的空间异质性和动态变化性都十分显著,这也为人口区位选择理论提供了最好的实践舞台。一是基于人口区位选择综合框架,开展新时代人口区位选择研究。随着人民对美好生活的更加向往,人口特别是人才在进行区位选择时更加注重包括公共服务、住房、私人服务、自然环境等不可贸易品的质量或效率以及迁移摩擦的大小,公共服务将成为人口区位选择的重要区位因子,是未来研究的重要方向。二是结合新时代我国乡村振兴战略要求,开展城乡人口区位选择研究。我国人口已由过去单纯从农村流向城市转换为城乡双向流动模式,一大批乡村已经成为吸引人才回流的重点区域。如何把握我国人口迁移流动的规律,促进城乡人口双向流动,鼓励一批有技术、有资本、有才能的人回乡创业是一个重要课题。三是开展新时代人口区位选择政策性研究。随着我国人口形势的变化和人口数量红利的逐渐消失,国内各地的人才争夺战已经纷纷打响,人才的区位选择研究就成了国家和地方人才政策制定的基础。因此,进一步科学认识人才区位选择机制,就能为我国各级政府制定有效的人才政策提供依据,真正做到既能吸引人才又能留住人才。

附录
推进基本公共服务均等化：
以基本公共服务清单为例

中共二十大报告指出，健全基本公共服务体系，提高公共服务水平，增强均衡性和可及性，扎实推进共同富裕。基本公共服务是由政府主导、保障全体公民生存和发展基本需要、与经济社会发展水平相适应的公共服务，是能够促进现代人类幸福的重要社会环境之一。2017年3月1日，国务院公布《"十三五"推进基本公共服务均等化规划》，我国首次推出国家基本公共服务清单，其内容包括服务项目、服务对象、服务指导标准、支出责任、牵头负责单位，涵盖公共教育、劳动就业创业、社会保险、医疗卫生、社会服务、住房保障、公共文化体育和残疾人服务等8个领域，共计81个项目。在"十三五"期间，部分省级政府也陆续公布了地方性的基本公共服务清单（表1）。

在"十三五"期间公布的地方性基本公共服务清单中，浙江、江苏、广东和上海的基本公共服务清单内容较之国家基本公共服务清单项目更为丰富，且部分服务范围更广、标准更高。例如，浙江基本公共服务清单的范围增加了基本环境保护、基本公共安全两大领域及部分基本生活服务领域，10个项目标准较国家标准有所提高,如"农村义务教育学生营养改善"项目、"重度残疾人护理补贴"项目。具体来看,国家标准为"中央财政为试点地区提供每生每年800元的营养膳食补助,鼓励各地因地制宜开展地方试点",浙江标准则为"每生每年营养膳食补助1000元,目标人群覆盖率100%";国家标准为"为残疾等级被评定为一级、二级且需要长期照护的重度残疾人提供护理补贴,目标人群覆盖率95%以上",浙江标准则为"为残疾等级被评定为一级、二级且需要长期照护的重度残疾人以及非重度智力、精神残疾人补助残疾人因残疾产生的额外长期照护支出,目标人群覆盖率98%以上",可见结合浙江实际,服务范围和标准有显著扩大和提高。

不难发现,地方基本公共服务提供的扩展服务项目集中于公共交通、生态环境和公共安全领域(表2、表3和表4),同时养老、退役军人领域的服务项目也备受关注。例如,江苏基本公共服务清单的范围增加了基本公共交通、环境保护基本公共服务领域,包括了10个领域的87个服务项目,充分考虑民生需求,在部分项目的服务对象、服务标准等方面相比国家标准做了适度拓展和提升。广东基本公共服务清单的范围增加了生态环境保障、公共交通和公共安全领域,包括了10个领域、共计104个服务项目,并且适当提高了部分项目服务标准。上海市基本公共服务项目清单在2017年首次发布,增加"养老"领域;于2018年8月28日调整后再次发布,该清单新设"退役军人服务"领域,并根据法规政策调整情况更新了部分服务项目的服务对象和保障标准。

附录　推进基本公共服务均等化：以基本公共服务清单为例

表1　部分地区基本公共服务清单情况

地区	相关文件	涉及领域/类别	领域/类别合计	项目合计
河北	《河北省"十三五"推进基本公共服务均等化规划》（2018年6月3日）	基本公共教育、基本劳动就业创业、基本社会保险、基本医疗和公共卫生、基本社会服务、基本住房保障、基本公共文化体育、残疾人基本公共服务	8个	82项
山西	《山西省"十三五"基本公共服务均等化规划》（2016年8月1日）	基本公共教育、基本劳动就业创业、基本社会保险、基本医疗和公共卫生、基本社会服务、基本住房保障、基本公共文化体育、残疾人基本公共服务	8个	82项
内蒙古	《自治区"十三五"推进基本公共服务均等化规划》（2018年2月9日）	基本公共教育、基本劳动就业创业、基本社会保险、基本医疗卫生、基本社会服务、基本住房保障、基本公共文化体育、残疾人基本公共服务	8个	82项
黑龙江	《黑龙江省"十三五"基本公共服务清单》（2017年8月21日）	基本公共教育、基本劳动就业创业、基本社会保险、基本医疗卫生、基本社会服务、基本住房保障、基本公共文化体育、残疾人基本公共服务	8个	81项
上海	《上海市基本公共服务项目清单》（2017年11月21日）；《上海市基本公共服务项目清单》（2018年8月28日）	教育、就业和社会保险、社会服务、卫生、养老、住房保障、文化、体育、残疾人服务（2017年）；退役军人服务（2018年新增）	9个（2017年）；10个（2018年）	96项（2017年）；96项（2018年）

续表

地区	相关文件	涉及领域/类别	领域/类别合计	项目合计
江苏	《江苏省"十三五"时期基本公共服务清单》（2017年6月1日）	基本公共教育、基本就业创业、基本社会保险、基本医疗卫生、基本社会服务、基本住房保障、基本公共文化体育、基本公共交通、环境保护基本公共服务、残疾人基本公共服务	10个	87项
浙江	《浙江省基本公共服务体系"十三五"规划》（2017年1月5日）	基本公共教育、基本就业创业、基本社会保障、基本健康服务、基本生活服务、基本公共文化、基本环境保护、基本公共安全	8个	114项
福建	《福建省推进基本公共服务均等化行动计划》（2018年8月27日）	基本公共教育、基本劳动就业创业、基本社会保险、基本医疗卫生、基本社会服务、基本住房保障、基本公共文化体育、残疾人基本公共服务	8个	81项
江西	《江西省"十三五"推进基本公共服务均等化规划》（2017年5月26日）	公共教育、劳动就业、社会保险、医疗卫生、社会服务、住房保障、文化体育、残疾人服务	8个	80项
湖北	《湖北省"十三五"推进基本公共服务均等化规划》（2017年12月20日）	公共教育、劳动就业创业、社会保险、医疗卫生、社会服务、住房保障、公共文化体育、残疾人	8个	81项

续表

地区	相关文件	涉及领域/类别	领域/类别合计	项目合计
湖南	《2014年全省基本公共服务清单》（2014年4月30日）；《湖南省2015年基本公共服务清单》（2015年4月30日）；《湖南省基本公共服务清单》（2016年10月24日）	免费公共服务类、面向特定人群补助类、政府提供的保障性公共产品类（2014年、2015年、2016年）	3个（2016年）	75项（2014年）74项（2015年）76项（2016年）
广东	《"十三五"广东省基本公共服务清单》（2017年11月8日）	就业保障、生活保障、医疗保障、住房保障、生态环境保障、公共教育、公共卫生、公共文化体育、公共交通、公共安全	10个	104个
广西	《广西"十三五"基本公共服务均等化规划》（2017年8月23日）	基本公共教育、基本劳动就业创业、基本社会保险、基本医疗和公共卫生、基本社会服务、基本住房保障、基本公共文化体育服务、残疾人基本公共服务	8个	81项
海南	《海南省基本公共服务体系"十三五"规划》（2018年2月6日）	基本公共教育、基本劳动就业创业、基本社会保险、基本医疗和公共卫生、基本社会服务、基本住房保障、基本公共文化体育服务、残疾人基本公共服务	8个	86项
重庆	《重庆市"十三五"基本公共服务清单》（2017年12月15日）	基本公共教育、基本劳动就业创业、基本社会保险、基本医疗卫生、基本社会服务、基本住房保障、基本公共文化体育、残疾人基本公共服务	8个	87项

续表

地区	相关文件	涉及领域/类别	领域/类别合计	项目合计
四川	《四川省"十三五"基本公共服务均等化规划》（2017年2月17日）	基本公共教育、基本劳动就业、基本社会保险、基本医疗和公共卫生、基本社会服务、基本住房保障、基本公共文化体育服务、残疾人基本公共服务	8个	89项
陕西	《陕西省"十三五"推进基本公共服务均等化规划》（2018年6月16日）	基本公共教育、基本劳动就业创业、基本社会保险、基本医疗卫生、基本社会服务、基本住房保障、基本公共文化体育、残疾人基本公共服务	8个	81项
甘肃	《甘肃省"十三五"推进基本公共服务均等化规划》（2017年8月5日）	基本公共教育、基本劳动就业创业、基本社会保险、基本医疗卫生、基本社会服务、基本住房保障、基本公共文化体育、残疾人基本公共服务	8个	80项
宁夏	《自治区"十三五"推进基本公共服务均等化规划（修订本）》（2020年1月6日）	基本公共教育、基本劳动就业创业、基本社会保险、基本医疗卫生、基本社会服务、基本住房保障、基本公共文化体育、残疾人基本公共服务	8个	81项
新疆	《"十三五"时期兵团基本公共服务均等化规划》（2016年7月8日）	基本公共教育、基本劳动就业创业、基本社会保险、基本社会服务、基本医药和公共卫生、人口和计划生育服务、基本住房保障、基本公共文化旅游体系、兵团体育服务、基本残疾人服务	10个	91项

注：据地方政府官网公布信息整理，截至2020年3月。

附录 推进基本公共服务均等化:以基本公共服务清单为例

表2 基本公共服务清单情况:代表性地区公共交通领域对比

	国家	浙江	江苏	广东	上海
公共交通领域	尚未纳入	在"基本生活服务"领域中含"公共交通"1项	单列"基本公共交通"领域,含2个项目,即"城市公共交通服务""镇村公共交通服务"	单列"公共交通"领域,含5个项目,即"城市公共交通网络""城际轨道交通网络""农村公路网络""公交出行信息服务"	尚未纳入
具体项目	仅在"社会服务"领域的"临时救助""残疾人基本公共服务"项目中涉及交通费补助	公共交通:享有交通安全、通达的城乡道路客运一体化发展水平,AAAA级以上的县比例达到70%,道路交通万车死亡率下降13.5%以上	(1)城市公共交通服务。深入实施公交优先发展战略,努力提供方便、快捷、安全的公共交通出行服务。到2020年,全省20万以上人口城市公共交通机动化出行分担率平均达到26%。(2)镇村公共交通服务。实施农村公路提档升级,完善基础设施建设,推配套基础设施建设,接配套基础设施建设,提高交通安全和宜地制宜地开展农村公路客运站度,覆盖广,因地制宜地开展农村客运模式,为农村百姓提供便捷出行服务。到2020年,基本实现镇村公交开通率100%	(1)城市公共交通网络:300万～300万市以及100万人口以下的城市,中心城区公共交通站点500米覆盖率分别达到100%和80%,每万人公交车辆拥有量分别平均达到17、14和12标台,公共交通占机动化出行比例平均达到40%以上。(2)城际轨道交通网络:以广州、深圳、东莞为主要枢纽,加快推进珠三角城际轨道交通建设,建成珠三角快速轨道交通网络,构建珠三角城市群市内1小时交通系;广州、深圳轨道交通和快速公交(BRT)在公共交通中的出行比重达到50%以上。(3)农村公路客运安全通达工程:实现"岭南通"覆盖,实现300人以上自然村和硬化路面100%通客车。(4)城乡公共安全出行服务:实现"岭南通"覆盖,建成能与港澳地区达到公共交通和共享的公共交通服务体系。(5)公交出行信息服务:在全省建成多层次公共交通和共享的公共信息服务平台,实现多种运输方式信息服务对接和一站式服务	

注:据政府官网公布信息整理,截至2020年3月。

169

表3 基本公共服务清单情况：代表性地区生态环境领域对比

领域	国家	浙江	江苏	广东	上海
生态环境领域	尚未单列	单列"基本环境保护"领域，含6个项目，"污水治理""环境质量""渐进改善""生态保护与建设""无障碍环境支持"	单列"环境保护基本公共服务"领域，含5个项目，即"饮水安全保障""污水和生活垃圾处理保障""污水处理""生活垃圾无害化处理""环境气象服务""环境应急服务""环境监测评估与监控"支持与应急服务"	单列"生态环境保障"领域，含5个项目，即"污染物排放""污水和生活垃圾处理""污染源重点监控""生态环境保护与建设"	尚未单列
具体项目	仅在"基本社会服务"领域中安排涉及生态环境的"基本公共服务"项目中的"残疾人基本公共服务"和"无障碍环境支持"项目	（1）环境质量：地表水质量达到或优于Ⅲ类水质比率达到80%，八大水系基本消除劣Ⅴ类水质，细颗粒物（PM2.5）平均浓度下降，设区城市环境空气质量达到国家二级标准要求。（2）污水处理：县城和城市建成区污水基本全处理，全处理，全处理设施基本全覆盖。（3）污水处理全覆盖，农村生活污水治理设施基本实现全覆盖。（3）污染物处理：城乡垃圾分类处理全覆盖，餐厨垃圾处理减量化、无害化、资源化，建筑垃圾处置规范化。	（1）城乡居民饮用水安全保障：城乡居民饮用水符合国家《生活饮用水卫生标准》，县级以上集中式饮用水水源水质达到或优于Ⅲ类水质的比例≥98%。（2）生活垃圾无害化处理：城镇污水处理率达到92%，建制镇污水处理设施全覆盖。（3）生活垃圾无害化处理全覆盖，县乡生活垃圾集中转运站全覆盖，基本实现全覆盖、建制镇垃圾收集点、行政村生活垃圾收运处置设施支持。（4）环境气象服务：支时	（1）污染减排：主要污染物排放总量控制在国家和省下达的任务内。（2）污水和生活垃圾处理：全省各县（市、区）全面建成一座以上生活垃圾处理设施达到，县城污水处理率达到95%以上，生活垃圾无害化处理率达到98%以上，县城污水处理率达到85%以上，生活垃圾无害化处理率达到92%以上。（3）环境风险源监控：危险废物、医疗废物综合利用率92%以上。（4）环境风险源监控：危险废物、医疗废物基本实现无害化处置，放	尚未单列

170

附录　推进基本公共服务均等化：以基本公共服务清单为例

续表

	国家	浙江	江苏	广东	上海
具体项目		推进畜禽养殖业转型提升，化肥和农药减量使用，减少农业面源污染。(4)拆违改建：所有县（市、区）实现基本无违建省。(5)生态保护与建设：达到省级生态文明建设示范县。(6)无障碍环境支持：为残疾人、老年人等自主安全地通行道路、出入相关建筑物、乘公共交通工具、交流信息、获得社区服务提供便利	发布城市和区域空气质量日报和预报，发布重污染天气预警信息，及时发布气象灾害预警信息，开展法律法规和气象灾害防御科普宣传。全省气象灾害预警信息覆盖率达95%，重大气象灾害监测评估与应急服务；发布环境质量信息，为突发环境事件提供环境监测报告与应急处置指导	射性废源（废物和重点监管）单位危险废物100%得到安全处置。(5)生态保护率达到60.5%，森林覆盖率达到6.43亿立方米；林业自然保护区规划新建森林公园270个；全省规划到1550处，全省森林公园总数达到1780万亩，面积的6.5%；占国土面积，省建成280个湿地公园	
其他补充说明		(1)"基本社会保障"领域中的项目涉及"残疾人基本公共服务"领域。(2)开未单列"残疾人基本公共安全"领域中"气象灾害预警项目涉及"基本公共安全"领域"	(1)"基本社会服务"项目领域中的项目涉及民殡葬服务和奖补。(2)"残疾人基本公共服务"领域中合"无障碍环境支持"项目	"生活保障"领域中合"无障碍环境支持"项目	(1)"社会服务"领域中的"基本殡葬服务补贴"项目涉及生态安葬服务。(2)"残疾人领域"中合"无障碍服务"项目

注：据政府官网公布信息整理，截至2020年3月。

171

表4 基本公共服务清单情况：代表性地区公共安全领域对比

	国家	浙江	江苏	广东	上海
公共安全领域	尚未单列	单列"基本公共安全"领域，含9个项目，即"食品药品安全监管""社会治安""消防安全""安全生产""安全教育培训""防灾减灾""突发事件应急管理""气象安全"	尚未单列	单列"公共安全"领域，含7个项目，即"治安防控建设""公共安全知识普及""法律援助服务""农贸市场抽检""食品药品快速检测""社区矫正帮扶助""安全生产综合保障体系工程"	尚未单列
具体项目	(1)"基本医疗卫生"领域中的"食品药品安全保障"项目涉及：对供应城乡居民的食品药品开展监督检查，及时发现消除风险。对药品医疗器械实施风险分类	(1)食品药品安全监管：主要食品、药品医疗器械抽检覆盖面均达到95%以上；中央厨房、集体用餐配送及大型以上餐饮企业和学校、养老机构食堂"阳光厨房"建成率达到80%以上；城区食品药品快速检测体系建成率达到95%以上。消费者权益安全：维权网络健全，有效投诉处理率保持90%以上。(3)社会治安：平安有效率达中心城区网格化管理覆盖率达环境。	(1)"基本医疗卫生"领域中的"食品药品安全保障"项目涉及：对供应城乡居民的食品药品开展监督检查，及时发现质量安全隐患，保证食品质量质量，其中食品抽检量不低于5份/千人年；对药品医疗器械实施风险分类	(1)治安防控建设：县(市、区)公安(分)局和派出所建成"打、防、管、控、整、治、服务"于一体的立体化治安防控体系。(2)公共安全知识普及：建成省、市、县镇、村(社区)五级宣传网络。(3)法律援助服务：符合法律援助条件的人员免费享有合格的法律援助服务	(1)"卫生"领域中的"食品药品安全保障"：对供应城乡居民的食品药品开展监督检查，及时消除风险；对药械类管理。(2)"文化"领域中的"收听广

附录　推进基本公共服务均等化：以基本公共服务清单为例

续表

国家	浙江	江苏	广东	上海
管理，提高对高风险对象的监管强度。(2)"基本公共文化体育"领域"收听广播"项目涉及：提供广播应急事件应急服务。通过直播卫星提供广播节目不少于17套广播节目，通过无线模拟提供广播节目不少于6套，通过数字音频提供广播节目不少于15套广播节目。	到100%，重点公共区域视频监控覆盖率达到100%。(4)消防安全：事有高效消防服务，火灾十万人口死亡率控制在0.33以内。(5)安全生产监管：接受生产技术和安全生产援助，安全生产标准化指导，各亿元生产总值生产安全事故死亡率下降40%以上，亿元生产事故死亡人教下降15%以上。(6)安全生产培训：免费生产培训，参与群众性安全生产教育培训，每年各类人员不少于300万人次以上，每年开展"安全生产月"活动。(7)防灾减灾：享有防灾减灾服务，形成县乡镇村三级避灾安置网络，无灾保证避灾安置所需。(8)突发事件应急管理：免费、及时、准确获取应急事件信息，应急避险技术服务，救助服务，有序为能力人每年接受应急救援演练1次。(9)气象安全：免费享有准确及时	管理，提高对高风险对象监管强度。(2)"基本医疗中的"卫生"领域中的"卫生监督协管"项目涉及：提供食品安全信息，职业卫生、学校卫生、饮用水卫生行息和非法采供血信息，卫生监督服务与指导，逐步覆盖90%以上的乡镇。(3)"基本就业中的"农民工培训"项目涉及：对进城落户或在城镇稳定就业的农民市生活、文化素质，法律知识，健康卫生、安全常识，	(4)食品抽检量：5件/千人·年。(5)农贸市场开展食用农产品快速检测：开展工作，确保市场每天快速检测数量批发市场综合性农产品市场每天快速检测数量不少于30个样品，市场每天快速检测数量不少于10个样品。(6)社区桥教育桥正帮助：加强教育桥正基地、社会工作者队伍和志愿者队伍建设，就业、生活有困难的社区桥正人员得到普遍救济。(7)安全生产综合保障体系工程：建设省安全生产教育桥查督能力建设工程，安全生产技术支撑体系，"互联网+安全	播"项目涉及：免费提供广播节目和应急广播服务；通过无线模拟，提供不少于16套广播节目。

173

续表

国家	浙江	江苏	广东	上海
其他补充说明	的气象灾害预警信息、公众气象服务满意度达到85%以上，灾害性天气监测率达到85%以上，气象信息公众覆盖率达到95%以上；"基本公共文化"领域中的"应急广播"项目涉及：在突发公共事件发生前后及时获得政令、信息等服务	生等基础素质教育培训服务，到2020年有培训意愿的目标人群覆盖率达到50%	生产"综合政务服务平台等；(1)"公共卫生"领域中的"食品药品安全保障"项目涉及：及时发现食品安全风险；发布食源性疾病预警信息；提供符合国家药品标准合格的药物，药品出厂检验合格率达到100%。(2)"公共文化体育"领域中的"应急广播"项目涉及：为全民提供突发事件应急广播服务，在突发公共事件发生前后及时提供政令、信息等服务	

注：据政府官网公布信息整理，截至2020年3月。

参考文献

安虎森,刘军辉.劳动力的钟摆式流动对区际发展差距的影响——基于新经济地理学理论的研究[J].财经研究,2014,40(10):84-96.

安虎森,颜银根,朴银哲.城市高房价和户籍制度:促进或抑制城乡收入差距扩大?——中国劳动力流动和收入差距扩大悖论的一个解释[J].世界经济文汇,2011(04):41-54.

蔡昉,都阳.工资增长、工资趋同与刘易斯转折点[J].经济学动态,2011(09):9-16.

蔡昉,都阳.迁移的双重动因及其政策含义——检验相对贫困假说[J].中国人口科学,2002(04):1-7.

蔡昉,王美艳.为什么劳动力流动没有缩小城乡收入差距[J].经济学动态,2009(08):4-10.

蔡昉.劳动力短缺:我们是否应该未雨绸缪[J].中国人口科学,2005(06):11-16.

陈威,王菡,董亚宁.西北地区人口流动决策的影响因素研究——基于新空间经济学视角[J].西北人口,2022,43(01):115-126.

戴魁早.中国高技术产业的R&D投入与生产率增长——基于行业层面和Malmquist指数的实证检验[J].山西财经大学学

报,2011(03):63-71.

丁玉龙,秦尊文.城市规模与居民健康——基于 CHIP 微观数据的实证分析[J].江汉论坛,2020(03):138-144.

董亚宁,顾芸,陈威,等.地方品质、劳动力区位与区域创新发展——基于新空间经济学理论[J].西北人口,2020,41(04):47-57.

董亚宁,顾芸,杨开忠,等.公共服务、城市规模与人才区位——基于新空间经济学理论的分析[J].科技进步与对策,2021,38(01):132-139.

董亚宁,顾芸,杨开忠.公共服务、人才资源空间重配与创新增长差异——基于新空间经济学的研究[J].西南民族大学学报(人文社科版),2020,41(06):108-118.

董亚宁,杨开忠,顾芸.人口区位选择研究回顾与展望:基于新空间经济学视角[J].西北人口,2019,40(06):1-11.

董亚宁.空间视角下产业平衡充分发展:理论探索与经验分析[M].北京:经济管理出版社,2021.

杜旻,刘长全.集聚效应、人口流动与城市增长[J].人口与经济,2014,207(06):44-56.

樊士德,姜德波.劳动力流动、产业转移与区域协调发展——基于文献研究的视角[J].农业经济研究,2014(04):103-110.

傅允生.产业转移、劳动力回流与区域协调发展[J].学术月刊,2013,(03):75-81.

高波,陈健,邹琳华.区域房价差异、劳动力流动与产业升级[J].经济研究,2012(01):66-79.

高春亮,李善同.人口流动、人力资本与城市规模差距[J].中国人口科学,2019(03):40-52+127.

顾芸.教育投入、时空效应与经济增长——兼论教育投入对经济增长的"效率与公平"作用[J].现代教育管理,2018(05):36-40.

顾芸,董亚宁.地方品质对异质性劳动力流动的影响——基于中国CMDS微观调查数据的分析[J].财经科学,2021(11):80-92.

顾芸,董亚宁.知识溢出、高校创新投入与经济增长——基于包含创新部门的新经济地理增长模型及检验[J].科技管理研究,2018,38(17):1-7.

顾芸,董亚宁,张瑞宇.基于经济地理增长理论的高校创新投入时空效应研究[J].高教探索,2019(04):12-17+36.

官华平.受教育水平、公共服务与流动人口就业稳定性[J].岭南学刊,2022(02):98-105.

郭力.劳动力流动、产业转移与城市化体系调整——基于新经济地理模型的分析及对策建议[J].现代城市研究,2015(12):42-47.

贺灿飞,潘峰华,孙蕾.中国制造业的地理集聚与形成机制[J].地理学报,2007,62(12):1253-1264.

侯慧丽.城市公共服务的供给差异及其对人口流动的影响[J].中国人口科学,2016(01):118-125.

胡建绩,王佳.产业结构与人才的适应性研究[J].商业时代,2007(35):10-11.

黄笑微.人口流动、人力资本积累与收入分配——对Lucas(2004)模型的一个扩展[D].武汉:华中科技大学,2009.

霍春辉,杨锐.集聚外部性对产业创新绩效的影响[J].经济管理,2016(03):20-32.

姜雨,沈志渔.技术选择与人力资本的动态适配及其政策含义[J].经济管理,2012(07):1-11.

蒋小荣,汪胜兰.中国地级以上城市人口流动网络研究——基于百度迁徙大数据的分析[J].中国人口科学,2017(02):35-46+127.

靳军宝,曲建升,吴新年,等.中国高层次科技人才省际流动复杂网络特征研究[J].科技管理研究,2021,41(21):112-118.

黎煦.刘易斯转折点与劳动力保护——国际经验比较与借鉴[J].首都经济贸易大学学报,2007(04):60-66.

李丁,郭志刚.中国流动人口的生育水平——基于全国流动人口动态监测调查数据的分析[J].中国人口科学,2014(03):17-29+126.

李利文,任小龙.青年人才、城市转型与幸福感提升——基于CGSS2015数据的实证分析[J].岭南学刊,2020(02):43-54.

李若曦,赵宏中.技术活动、空间外溢与高技术产业TFP[J].科学学研究,2018,36(02):264-271.

李一花,李静,张芳洁.公共品供给与城乡人口流动——基于285个城市的计量检验[J].财贸研究,2017,28(05):55-66.

李勇刚.收入差距、房价水平与农村剩余劳动力转移——基于面板联立方程模型的经验分析[J].华中科技大学学报(社会科学版),2016,30(01):83-91.

梁琦,李建成,陈建隆.异质性劳动力区位选择研究进展[J].经济学动态,2018(04):122-137.

刘春香.产业结构升级和人才结构优化的互动关系分析[J].

中外企业家,2010(01):118-119.

刘建翠.R&D对我国高技术产业全要素生产率影响的定量分析[J].工业技术经济,2007(05):51-54.

刘军,李廉水,王忠.产业聚集对区域创新能力的影响及其行业差异[J].科研管理,2010(06):191-198.

刘新争.比较优势、劳动力流动与产业转移[J].经济学家,2012(02):45-50.

刘修岩,李松林.房价,迁移摩擦与中国城市的规模分布——理论模型与结构式估计[J].经济研究,2017,52(07):65-78.

卢洪友,文洁,许文立.气候变化对中国人口流动的效应研究[J].湖北社会科学,2017(02):77-84.

陆丰刚,陈寅平.市场化进程加速了人口流动吗?——人口流动的市场化陷阱[J].人口与发展,2019,25(01):2-11.

陆铭,陈钊.城市化、城市倾向的经济政策与城乡收入差距[J].经济研究,2004(06):50-58.

罗文标,黄照升.产业结构与人才结构互动研究[J].科技进步与对策,2003(07):38-40.

罗勇根,杨金玉,陈世强.空气污染、人力资本流动与创新活力——基于个体专利发明的经验证据[J].中国工业经济,2019(10):99-117.

吕承超.中国高技术产业专业化比多样化更有利于区域产业创新吗?[J].研究与发展管理,2016(06):27-37.

吕拉昌,孙飞翔,黄茹.基于创新的城市化——中国270个地级及以上城市数据的实证分析[J].地理学报,2018,73(10):86-98.

马凌,李丽梅,朱竑.中国城市舒适物评价指标体系构建与实证[J].地理学报,2018,73(04):755-770.

牟宇峰.产业转型背景下就业人口与产业发展关系研究综述[J].人口与经济,2016(03):103-114.

史桂芬,黎涵.人口迁移,劳动力结构与经济增长[J].管理世界,2018,34(11):174-175.

史修松.我国高技术产业分布、区域创新及相关性分析[J].科学学与科学技术管理,2008(09):114-118.

西奥多·W.舒尔茨.论人力资本投资[M].吴珠华等,译.北京:北京经济学院出版社,1990.

宋世方.刘易斯转折点:理论与检验[J].经济学家,2009,2(02):69-75.

孙殿超,刘毅.广东省科技人才政策分析及人才资源分布研究[J].科技管理研究,2021,41(15):42-51.

孙三百,黄薇,洪俊杰,等.城市规模、幸福感与移民空间优化[J].经济研究,2014,49(01):97-111.

孙伟增,张晓楠,郑思齐.空气污染与劳动力的空间流动——基于流动人口就业选址行为的研究[J].经济研究,2019,54(11):102-117.

孙文凯,路江涌,白重恩.中国农村收入流动分析[J].经济研究,2007(08):53-66.

孙晓华,王昀.R&D投资与企业生产率——基于中国工业企业微观数据的PSM分析[J].科研管理,2014,35(11):92-99.

孙英隽,高泽坤.对外经济开放,区域市场整合与全要素生产率——基于长三角地区的实证分析[J].上海理工大学学报,2016,

38(05):449-456.

孙早,刘李华,孙亚政.市场化程度、地方保护主义与R&D的溢出效应——来自中国工业的经验证据[J].管理世界,2014(08):78-89.

孙中伟.农民工大城市定居偏好与新型城镇化的推进路径研究[J].人口研究,2015,39(05):72-86.

谭成文.基于人口移动和知识溢出的经济增长与集聚研究[D].北京:北京大学,2002.

汪进,钟笑寒.中国的刘易斯转折点是否到来——理论辨析与国际经验[J].中国社会科学,2011(05):22-37+219.

王必达,张忠杰.中国刘易斯拐点及阶段研究——基于31个省际面板数据[J].经济学家,2014(07):16-26.

王伟同,谢佳松,张玲.人口迁移的地区代际流动偏好:微观证据与影响机制[J].管理世界,2019,35(07):89-103+135.

王小鲁,夏小林.优化城市规模 推动经济增长[J].经济研究,1999(09):22-29.

王珍珍,穆怀中.城市规模、门槛效应与人力资本外部性[J].上海行政学院学报,2018,19(02):88-99.

吴要武."刘易斯转折点"来临:我国劳动力市场调整的机遇[J].开放导报,2007(03):50-56.

夏怡然,陆铭.城市间的"孟母三迁"——公共服务影响劳动力流向的经验研究[J].管理世界,2015(10):78-90.

肖挺.环境质量是劳动人口流动的主导因素吗?——"逃离北上广"现象的一种解读[J].经济评论,2016(02):3-17.

谢燮,杨开忠.劳动力流动与区域经济差异——新经济地理学透视[M].北京:新华出版社,2005.

杨帆,黄少安.中国人口红利结束了吗?[J].山东社会科学,2017(04):82-89.

杨开忠,董亚宁,顾芸.运输成本、异质性企业迁移与区域平衡发展——基于集聚与增长整合理论的研究[J].系统工程理论与实践,2019,39(10):2466-2475.

杨开忠,董亚宁,薛领,等."新"新经济地理学的回顾与展望[J].广西社会科学,2016(05):63-74.

杨开忠,顾芸,董亚宁.空间品质、人才区位与人力资本增长——基于新空间经济学的研究[J].系统工程理论与实践,2021,41(12):3065-3078.

杨开忠.京津冀协同发展的新逻辑:地方品质驱动型发展[J].经济与管理,2019,33(01):1-3.

杨开忠.新中国70年城市规划理论与方法演进[J].管理世界,2019,35(12):17-27.

杨晓军.城市公共服务质量对人口流动的影响[J].中国人口科学,2017(02):104-128.

杨新洪.近十年广东人口结构的变化、成因与思考(下)——基于第七次全国人口普查数据的分析[J].岭南学刊,2021(06):104-115.

杨振宇,张程.东迁、自选择与劳动力溢价:"孔雀东南飞"背后的故事[J].经济学(季刊),2017(04):1311-1340.

姚枝仲,周素芳.劳动力流动与地区差距[J].世界经济,2003(04):35-44.

尤济红,陈喜强.去人力资本更高的城市发展:检验、机制与异质性——对中国城乡劳动力流向选择的实证分析[J].经济问题探索,2019(05):159-172.

余吉祥,沈坤荣.跨省迁移、经济集聚与地区差距扩大[J].经济科学,2013(02):33-44.

袁茜,吴利华,张平.长江经济带一体化发展与高技术产业研发效率[J].数量经济技术经济研究,2019,36(04):45-60.

张军,施少华.中国经济全要素生产率变动:1952—1998[J].世界经济文汇,2003(02):17-24.

张亚丽,方齐云.城市舒适度对劳动力流动的影响[J].中国人口·资源与环境,2019,29(03):118-125.

张延平,李明生.我国区域人才结构优化与产业结构升级的协调适配度评价研究[J].中国软科学,2011(03):177-192.

张志强,孙斌栋.城市规模与城市福利——基于集聚经济和集聚成本的视角[J].上海经济,2019(05):33-52.

张志强,席强敏.新时代中国区域经济理论与实践研究的新进展——首届中国区域经济学者论坛综述[J].经济研究,2019,54(04):199-203.

赵方,袁超文.中国城市化发展——基于空间均衡模型的研究[J].经济学(季刊),2017(04):1643-1668.

赵光辉.我国人才结构与产业结构互动研究的探讨[J].中国人力资源开发,2005(05):23-28.

赵凯.R&D成本内生化及政府补贴政策效应研究——基于新经济地理框架[J].科学学与科学技术管理,2016,37(02):42-52.

赵伟,李芬.异质性劳动力流动与区域收入差距:新经济地理学模型的扩展分析[J].中国人口科学,2007(01):27-35.

赵永亮,刘德学.市场歧视、区际边界效应与经济增长[J].中国工业经济,2008(12):27-37.

甄小鹏,凌晨.农村劳动力流动对农村收入及收入差距的影响——基于劳动异质性的视角[J].经济学(季刊),2017,16(02):1073-1096.

周明,李宗植.中国省际高技术产业技术创新能力分析——基于产业集聚的视角[J].科学学研究,2008(S2):518-524.

周文,赵方,杨飞,等.土地流转、户籍制度改革与中国城市化:理论与模拟[J].经济研究,2017(06):183-197.

朱江丽,李子联.户籍改革、人口流动与地区差距——基于异质性人口跨期流动模型的分析[J].经济学(季刊),2016,15(02):797-816.

[美]费景汉,古斯塔夫·拉尼斯.劳力剩余经济的发展[M].北京:华夏出版社,1989:304-306.

Abel J R, Deitz R. Agglomeration and Job Matching Among College Graduates[J]. *Regional Science and Urban Economics*, 2015, 51:14-24.

Acemoglu D. A Microfoundation for Social Increasing Returns in Human Capital[J]. *Quarterly Journal of Economics*, 1996, 111(03):779-804.

Acemoglu D. Patterns of Skill Premia[J]. *Review of Economic Studies*, 2003, 70(1):199-230.

Acs Z, Sanders M. Endogenous Growth Theory and Regional Extensions[J]. *Handbook of Regional Science*, 2019, 13

(01):1-20.

Ahlfeldt G M, Redding S J, Sturm D M, et al. The Economics of Density:Evidence from the Berlin Wall[J]. *Econometrica*, 2015, 83(06):2127-2189.

Albouy D, Ehrlich G. The Distribution of Urban Land Values:Evidence from Market Transactions[J]. *International Atlantic Economic Society*, 2013(10):12-15.

Au C, Henderson J V. Are Chinese Cities Too Small[J]. *The Review of Economic Studies*, 2006, 73(03):549-576.

Au C, Henderson J V. How Migration Restrictions Limit Agglomeration and Productivity in China[J]. *Development Economics*, 2006, 80(02):350-388.

Auerbach F. Das Gesetz der Bevölkerungskonzentration [J]. *Petermanns Geographische Mitteilungen*, 1913, 59:74-76.

Autor D H, Katz L F, Krueger A B. Computing Inequality: Have Computers Changed the Labor Market? [J]. *The Quarterly Journal of Economics*, 1998, 113(04):1169-1213.

Baldwin R E, Forslid R. The Core-Periphery Model and Endogenous Growth: Stabilizing and Destabilizing Integration [J]. *Economica*, 2000, 67(267):307-324.

Baldwin R E, Okubo T. Heterogeneous Firms, Agglomeration and Economic Geography: Spatial Selection and Sorting [J]. *Journal of Economic Geography*, 2006, 6(03):323-346.

Baldwin R E. Agglomeration and Endogenous Capital[J].

European Economic Review, 1999(43):253-280.

Baum-snow N. Did Highways Cause Suburbanization?[J]. *Quarterly Journal of Economics*, 2007, 122(02):775-805.

Beckmann M J. Spatial Price Policies Revisited[J]. *Bell Journal of Economics*, 1976, 7(02):619-630.

Behrens K, Duranton G, Robert-Nicoud F. Productive Cities: Sorting, Selection, and Agglomeration[J]. *Journal of Political Economy*, 2014, 122(03):507-553.

Behrens K, Picard P M. Transportation, Freight Rates, and Economic Geography[J]. *Journal of International Economics*, 2011, 85(02):280-291.

Behrens K, Robert-Nicoud F. Agglomeration Theory with Heterogeneous Agents[J]. *Handbook of Regional and Urban Economics*, 2015(05):171-245.

Behrens K, Robert-Nicoud F. Survival of the Fittest in Cities: Urbanisation and Inequality[J]. *The Economic Journal*, 2014, 124(581):1371-1400.

Bogue D J, Thomas D S. Interstate Migration and Intervening Opportunities[J]. *American Sociological Review*, 1975, 6(06):773-783.

Bond-Smith S C, Mccann P. A Multi-sector Model of Relatedness, Growth and Industry Clustering[J]. *Journal of Economic Geography*, 2019(10):1-19.

Borjas G J. Self-Selection and the Earnings of Immigrants[J]. *The American Economic Review*, 1987, 77(04):531-553.

参考文献

Bosker M, Brakman S, Garretsen H, et al. Relaxing Hukou: Increased Labor Mobility and China's Economic Geography [J]. *Urban Economics*, 2012(72):252-266.

Boucekkine R, Camacho C, Fabbri G. Spatial Aynamics and Convergence: The Spatial AK Model [J]. *Journal of Economic Theory*, 2013, 148(06):2719-2736.

Brinkman J C. Congestion, Agglomeration, and the Structure of Cities [J]. *Working Papers*, 2013:13-25.

Buchanan J M. An Economic Theory of Clubs [J]. *Economica*, 1965, 32(125):1-14.

Camagni R, Capello R, Caragliu A. Static vs. Dynamic Agglomeration Economies. Spatial Context and Structural Evolution behind Urban Growth [J]. *Regional Science*, 2016, 95(01):133-158.

Carlino G A, Saiz A. Beautiful City: Leisure Amenities and Urban Growth [R]. *Social Science Electronic Publishing*, 2008.

Chan K W, Bukingham W. Is China Abolishing the Hukou System? [J]. *China Quarterly*, 2008, 195:582-606.

Chiswick B R. Are Immigrants Favorably Self-Selected? [J]. *American Economic Review*, 1999, 89(02):181-185.

Ciccone A, Peri G. Identifying Human-Capital Externalities: Theory with Applications [J]. *The Review of Economic Studies*, 2006, 73(02):381-412.

Ciccone A, Elias P. Human Capital, the Structure of Production, and Growth [J]. *Review of Economics and Statistics*,

2009, 91(01):66-82.

Clark T N, Lloyd R, Wong K K, et al. Amenities Drive Urban Growth[J]. *Journal of Urban Affairs*, 2002, 24(05): 493-515.

Combes P P, Démurger S, Li S. Migration Externalities in Chinese Cities [J]. *European Economic Review*, 2015, 76: 152-167.

Combes P P, Duranton G, Gobillon L, et al. The Productivity Advantages of Large Cities:Distinguishing Agglomeration from Firm Selection[J]. *Econometrica*, 2012, 80(06):2543-2594.

Combes P P, Duranton G, Gobillon L. Spatial Wage Disparities:Sorting Matters! [J]. *Journal of Urban Economics*, 2008, 63(02):723-742.

Combes P P, Duranton G, Gobillon L. The Costs of Agglomeration: Land Prices in French Cities [R]. *CEPR Disscussion Papers*, 2012.

Dahlberg M, Edmark K, Lundqvist H. Ethnic Diversity and Preferences for Redistribution[J]. *Journal of Political Economy*, 2012, 120(01):41-76.

Davis D R, Dingel J I. The Comparative Advantage of Cities[R]. *National Bureau of Economic Research Working Paper*, 2014.

Day K M. Interprovincial Migration and Local Public Goods [J]. *Canadian Journal of Economics*, 1992, 25(01):123-144.

Dehaan E, Madsen J, Piotroski J D. Do Weather-Induced

Moods Affect the Processing of Earnings News? [J]. *Journal of Accounting Research*, 2017, 55(03):509-550.

Diamond R. The Determinants and Welfare Implications of US Workers' Diverging Location Choices by Skill: 1980—2000 [J]. *American Economic Review*, 2016(03):479-524.

Duranton G, Puga D. Nursery Cities: Urban Diversity, Process Innovation, and the Life Cycle of Products [J]. *American Economic Review*, 2001, 91(05):1454-1477.

Florida R. The Rise of the Creative Class [J]. *Washington Monthly*, 2002, 35(05):593-596.

Fujita M, Thisse J F. Does Geographical Agglomeration Foster Economic Growth? And Who Gains and Loses from It? [J]. *Japanese Economic Review*, 2003, 54(02):121-145.

Gerritse M, Arribas-Bel D. Concrete Agglomeration Benefits: Do Roads Improve Urban Connections or Just Attract More People? [J]. *Regional Studies*, 2018, 52(08):1134-1149.

Glaeser E L, Kolko J, Saiz A. Consumer City [J]. *Journal of Economic Geography*, 2001(1):27-50.

Glaeser E L. Learning in Cities [J]. *Urban Economics*, 1999, 46(02):254-277.

Grogger J, Hanson G H. Income Maximization and the Selection and Sorting of International Migrants [J]. *Journal of Development Economics*, 2011, 95(01):1-57.

Halpern L, Wyplosz C. Economic Transformation and Real Exchange Rates in the 2000s: The Balassa-Samuelson Connection

[J]. *Cambridge Journal of Economics*, 2001, 1(01):227-239.

Hansen B E. Sample Splitting and Threshold Estimation [J]. *Econometrica*, 2000, 68:575-603.

Haque N U, Kim S. Human Capital Flight: Impact of Migration on Income and Growth [J]. *Staff Papers of International Monetary Fund*, 1995, 42(03):577-607.

Harris J R, Todaro M P. Migration, Unemployment and Development: A Two-Sector Analysis [J]. *American Economic Review*, 1970, 60(03):126-142.

Henderson J V. Cities and Development [J]. *Regional Science*, 2010, 50(01):515-540.

Henderson J V. Urban Primacy, External Costs, and Quality of Life [J]. *Resource and Energy Economics*, 2002, 24(01):95-106.

Hirose K, Yamamoto K. Knowledge Spillover, Location of Industry, and Endogenous Growth [J]. *The Annals of Regional Science*, 2007, 41(01):17-30.

Hu A G, Jefferson G H. Returns to Research and Development in Chinese Industry: Evidence from State-owned Enterprises in Beijing [J]. *China Economic Review*, 2004, 15(01):86-107.

Ioannides Y M, Overman H G. Zipf's Law for Cities: An Empirical Examination [J]. *Regional Science and Urban Economics*, 2003, 33(02):127-137.

Kerr S P, Kerr W, Özden Ç. High-skilled Migration and

Agglomeration[J]. *Annual Review of Economics*, 2017, 9: 201–234.

Koethenbuerger M. Competition for Migrants in a Federation: Tax or Transfer Competition[J]. *Journal of Urban Economics*, 2014, 80 (03):110–118.

Kovacs, M A, Simon A. Components of the Real Exchange Rate in Hungary[R]. *National Bank of Hungary Working Paper*, 1998.

Krugman P. Increasing Returns and Economic Geography[J]. *Journal of Political Economy*, 1991, 99(3):483–499.

Lee E S. A Theory of Migration[J]. *Demography*, 1966, 3(01):47–57.

Leonhard B. Migration Policy and Industrial Structure: The Case of Switzerland[J]. *International Migration*, 2008, 46(02):81–107

Lewis W A. Economic Development with Unlimited Supply of Labor[J]. *The Manchester School*, 1954, 22(02):139–191.

Lucas R E J. Life Earnings and Rural-Urban Migration[J]. *Journal of Political Economy*, 2004, 112(S1):S29–S59.

Martin P, Ottaviano G I P. Growing Locations: Industry in a Model of Endogenous Growth[J]. *European Economic Review*, 1999, 43(2):281–302.

Martin P, Rogers C A. Industrial Location and Public Infrastructure[J]. *Journal of International Economics*, 1995, 39(3—4):335–351.

Melo P C, Graham D J, Noland R B. A Meta-Analysis of Estimates of Urban Agglomeration Economies [J]. *Regional Science and Urban Economics*, 2009, 39(03):332–342.

Miyagiwa K. Scale Economies in Education and the Brain Drain Problem [J]. *International Economic Review*, 1991, 32 (03):743–759.

Mori T, Turrini A. Skills, Agglomeration and Segmentation [J]. *European Economic Review*, 2000, 49(01):201–225.

Officer L H. The Productivity Bias in Purchasing Power Parity: An Econometric Investigation [R]. *Staff Papers*, 1976, 23(03):545–579.

Perla J, Christopher T. Equilibrium Imitation and Growth [R]. *Working Paper*, New York University, 2012.

Pflüger M. A Simple, Analytically Solvable, Chamberlinian Agglomeration Model [J]. *Regional Science and Urban Economics*, 2004(34):565–573.

Potepan M. Intermetropolitan Migration and Housing Prices: Simultaneously Determined? [J]. *Hous Econ*, 1994, 3 (2):77–91.

Rabe B, Taylor M. Differences in Opportunities? Wage, Unemployment and House-Price Effects on Migration [R]. *ISER Working Paper*, 2010, No. 05.

Rappaport J. Moving to Nice Weather [J]. *Regional Science and Urban Economics*, 2007, 37(03):375–398.

Roback J. Wages, Rents, and the Quality of Life [J]. *Journal of Political Economy, 1982, 90(06):1257-1278.

Roca D L, Puga D. Learning by Working in Big Cities[J]. The Review of Economic Studies, 2017, 84(1):106-142.

Romer P M. Endogenous Technological Change [J]. Journal of Political Economy, 1990, 98:S71-S102.

Rosen S. Wage-Based Indexes of Urban Quality of Life[J]. Current Issues in Urban Economics, 1979:74-104.

Rossi-Hansberg E, Wright M L J. Urban Structure and Growth[J]. The Review of Economic Studies, 2007, 74(2):597-624.

Roy A D. Some Thoughts on the Distribution of Earnings [J]. Oxford Economic Papers, 1951, 3(2):135-146.

Serafinelli M. "Good" Firms, Worker Flows, and Local Productivity[J]. Journal of Labor Economics, 2019, 37(3):747-792.

Shilpi F, Sangraula P, Li Y. Voting with their Feet? Access to Infrastructure and Migration in Nepal[J]. Policy Research Working Paper, 2014, 52(15):598-617.

Sjaastad L A. The Costs and Returns of Human Migration [J]. Journal of Political Economy, 1962, 70(5):80-93.

Teixeira A A C, Queirós A S S. Economic Growth, Human Capital and Structural Change: A Dynamic Panel Data Analysis [J]. Research Policy, 2016, 45(8):1636-1648.

Thomas V. Spatial Differences in the Cost of Living[J]. Journal of Urban Economics, 1980, 8(1):108-122.

Tiebout C M. A Pure Theory of Local Expenditures[J]. *The Journal of Political Economy*, 1956, 64(5):416-424.

Todaro M P. A Model of Labor Migration and Urban Unemployment in Less Developed Countries [J]. *American Economic Review*, 1969, 59(1):105-133.

Venables A J, Limao N. Geographical Disadvantage: A Heckscher-Ohlin-von Thünen Model of International Specialisation[J]. *Journal of International Economics*, 2002(2):239-263.

Venables A J. Productivity in Cities: Self-Selection and Sorting [J]. *Journal of Economic Geography*, 2010, 11(2): 241-251.

Zabel J E. Migration, Housing Market, and Labor Market Responses to Employment Shocks[J]. *Urban Economics*, 2012, 72:267-284.

Zhang M, Partridge M D, Song H. Amenities and the Geography of Innovation: Evidence from Chinese Cities[J]. *The Annals of Regional Science*, 2020, 65(1):105-145.

后　记

此部书稿由我在博士后期间的大部分研究成果整理而成,凝聚了我大量的精力和智慧。在博士后期间,我与经济学再次相遇。这次相遇,不再有那种懵懂的感觉,而是一种理性的认知。就在这短短的博士后经历里,我重新认识和理解了理论模型和实证研究,也慢慢地开始运用模型和实证工具。理论模型的抽象特征总是能让问题分析变得更为明晰,但其简化的过程却又让人感到遗憾;实证研究的经验特征总是能让问题分析变得更为有据,但其又无法理清这世界复杂的因果关系。两者的局限性不言而喻,但两者又不失为当今经济学领域的有利研究手段。因此,本书同时应用了理论模型和实证研究。

特别感谢我的博士后合作导师国际欧亚科学院院士、中国社会科学院生态文明研究所杨开忠教授;感谢我的博士生导师民进中央常务副主席、苏州大学朱永新教授以及苏州大学许庆豫教授;感谢我的硕士生导师广东海洋大学朱坚真教授;感谢亦师亦友的同事与合作者们,不吝献出你们的智慧,为此书稿出谋划策、添砖加瓦;感谢我的家人,多年来一直坚定地支持我。

还要感谢国家社科基金后期资助项目"生态文明时代国土空间发展理论与应用研究"(22FJLB025)、国家自然科学基金重点项目"我国产业集聚演进与新动能培育发展研究"(71733001)、第65批中国博士后科学基金面上项目"地方品质、人才区位与创新驱动发展：理论与检验"(2019M650767)的研究支持,在此向全国哲学社会科学工作办公室、国家自然科学基金委员会、中国博士后科学基金会致以诚挚的感谢。

当然,本书还有诸多有待提高之处,希望各位专家和学者提出宝贵建议,我将砥砺前行,不断努力进取!

顾 芸

2023年1月

图书在版编目(CIP)数据

筑巢引凤话创新：人才区位与创新增长研究／顾芸著．—上海：上海辞书出版社，2023
ISBN 978-7-5326-6078-0

Ⅰ.①筑…　Ⅱ.①顾…　Ⅲ.①人才-发展-研究-中国　Ⅳ.①C964.2

中国国家版本馆 CIP 数据核字(2023)第 106456 号

ZHUCHAO-YINFENG HUA CHUANGXIN
——RENCAI QUWEI YU CHUANGXIN ZENGZHANG YANJIU

筑巢引凤话创新——人才区位与创新增长研究
顾　芸　著

责任编辑	徐　杰
装帧设计	多　吉
责任印制	曹洪玲

出版发行	上海世纪出版集团 上海辞书出版社®(www.cishu.com.cn)
地　　址	上海市闵行区号景路 159 弄 B 座(邮政编码：201101)
印　　刷	上海中华印刷有限公司
开　　本	889 毫米×1194 毫米　1/32
印　　张	6.5
字　　数	125 000
版　　次	2023 年 6 月第 1 版　2023 年 6 月第 1 次印刷
书　　号	ISBN 978-7-5326-6078-0/C・46
定　　价	38.00 元

本书如有质量问题,请与承印厂联系。电话：021-69213456